जीवन एक अनबूझ पहेली

लेखक

नीरज गुप्ता

B.Com. (Hons.), LL.B., F.C.M.A., Inter. C.S.

डायमंड बुक्स

www.diamondbook.in

प्रकाशक : **डायमंड पॉकेट बुक्स (प्रा.) लि.**
X-30, ओखला इंडस्ट्रियल एरिया, फेज-II
नई दिल्ली-110020
फोन : 011-40712200
ई-मेल : sales@dpb.in
वेबसाइट : www.diamondbook.in
संस्करण : 2022

JIVAN EK ANBUJH PAHELI

By : *Neeraj Gupta*

आभार

मैं

बिरला ग्रुप ऑफ शुगर इंडस्ट्रीज

के

अध्यक्ष (Group President),

चीनी उद्योग के प्रख्यात विद्वान्

एवं

परोपकारी व्यक्तित्व के धनी,

श्री सी. बी. पाटोदिया जी, नई दिल्ली,

का हार्दिक आभार प्रकट करता हूँ,

जिन्होंने मेरे इस प्रयास के लिए

मुझे भरपूर प्रोत्साहन

एवं

मार्गदर्शन

प्रदान किया।

स्व. श्रीमति रेवती देवी

समर्पण

यद्यपि अभी तक जनहित से सम्बंधित विविध विषयों जैसे, राष्ट्र-निर्माण, समाज-कल्याण, विधि एवं न्याय-व्यवस्था में सुधार, पर्यावरण-संरक्षण, नैतिक तथा मानवीय मूल्यों का निर्वहन, आध्यात्म और दर्शन आदि विषयों पर मेरी अनेक रचनाएं देश की विभिन्न प्रतिष्ठित पत्रिकाओं तथा जर्नल्स में हिंदी व इंग्लिश भाषाओं में प्रकाशित हो चुकी हैं, परन्तु पुस्तक के रूप में यह मेरा प्रथम प्रयास है।

इसे मैं, गृहस्थाश्रम में रहते हुए भी, परम कल्याण की ओर ले जाने वाले तीनों मुख्य मार्गों अर्थात ज्ञानयोग, भक्तियोग तथा कर्मयोग में, अद्‌भुद समन्वय स्थापित कर जीवन में उतारने वाली विदुषी महिला, अपनी पूज्य पितामही (दादीजी), स्व. श्रीमति रेवती देवी जी को सादर समर्पित करता हूँ, जिनके द्वारा मुझे, बाल्यावस्था में ही विभिन्न धार्मिक एवं आध्यात्मिक पुस्तकों से परिचित कराये जाने, सभी जीवों के प्रति मन में दयाभाव रखने की शिक्षा दिए जाने और समय-समय पर मेरे साथ तत्व-ज्ञान सम्बंधित गूढ़ विषयों पर गहन चर्चा करते रहने के कारण, मेरे मन में इनके प्रति रूचि जागृत होती गयी तथा जीवन के उद्देश्य को जानने की प्रबल जिज्ञासा ने भी जन्म लिया, जिसकी परिणति अब इस पुस्तक के रूप में हुयी है।

अत: आज इस अवसर पर मैं उनकी तथा अपने पूज्य पितामह (दादाजी) स्व. श्री मदनमोहन लाल जी, पूज्य पिता स्व. श्री बृजभूषण लाल जी और पूज्य माता स्व. श्रीमति सावित्री देवी जी, सभी तत्कालीन निवासी अबुपुरा, मुजफ्फरनगर (उ.प्र.), की पुण्य स्मृति को सादर नमन करता हूँ और उन सभी के आशीर्वचनों के लिए कृतज्ञता व्यक्त करता हूँ।

और अंत में इस विषय में अपनी जीवन-संगिनी श्रीमति अर्चना गुप्ता के रचनात्मक योगदान का उल्लेख करना चाहूँगा, जिनकी प्रेरणा एवं सहयोग के बिना मेंरे लिए इस कार्य को सफलतापूर्वक संपन्न करना संभव नहीं था।

भवदीय,

नीरज गुप्ता

28-02-2022

जीवन एक अनबूझ पहेली

हम सभी के जीवन में कभी न कभी ऐसे पल अवश्य आते हैं, जब हम यह सोचने को विवश हो जाते हैं कि हम कौन हैं और इस दुनिया में क्यों उत्पन्न हुए, क्या जन्म से पहले भी हमारा अस्तित्व था, क्या मृत्यु के पश्चात हम कहीं और चले जायेंगे अथवा हमारा अस्तित्व समाप्त हो जाएगा, क्या इस सृष्टि को ईश्वर ने बनाया, यदि हाँ, तो उसे किसने बनाया और यदि नहीं, तो फिर ब्रह्मांड नामक इस अनंत एवं अति जटिल संरचना की उत्पत्ति कैसे हुयी और इसका प्रबंध कौन कर रहा है, क्या हमारे क्रिया-कलापों पर किसी की दृष्टि रहती है, जो उसी के अनुसार हमें फल देने की व्यवस्था करता है या यहाँ सब-कुछ 'Free for All' है, अर्थात हम जो चाहे सो कर सकते हैं, कोई हमारा कुछ नहीं बिगाड़ सकता, आदि?

परन्तु ये कुछ गंभीर प्रश्न, जो हर व्यक्ति न जाने कब से स्वयं से और दूसरों से भी लगातार पूछ रहा है, आज तक यह अनुत्तरित हैं और 'जीवन' नामक ये 'अनबूझ पहेली', वैसी ही अनसुलझी! विडम्बना देखिये कि जो विषय हमारे अस्तित्व से जुड़ा है, उसी के बारे में हम कुछ नहीं जानते और बहुत सोचने पर भी जब किसी परिणाम तक नहीं पहुँच पाते, तो विवश होकर इन विचारों को झटक कर दूर फेंक देना पड़ता है।

वैसे तो यह विषय दार्शनिकों के कार्यक्षेत्र में आता है, परन्तु चूँकि ये विचार कभी न कभी सभी के मन में उठते हैं, अतः इनके विषय में जानने की जिज्ञासा भी सबके मन में ही रहती है और हर कोई अपने-अपने ढंग से इनके उत्तर ढूंढने का प्रयास करता रहता है।

इसी क्रम में, जब इन प्रश्नों से मेरा सामना हुआ, तो न केवल अपने, बल्कि बहुत से लोगों के नजरिये से इनका उत्तर खोजने का प्रयास किया। इससे जो निष्कर्ष निकल कर सामने आये, उन्हें इस पुस्तक में अपनी एक प्रतीकात्मक रेल-यात्रा के माध्यम से प्रस्तुत किया गया है।

इसके अतिरिक्त इस विषय से जुड़े कुछ अन्य आध्यात्मिक, दार्शनिक, नैतिक तथा मानवीय बिन्दुओं पर भी लेखक ने अपनी सोच प्रबुद्ध पाठकों के सम्मुख रखने का प्रयास किया है, जैसे कर्मफल और भाग्य का सिद्धांत, धन की प्राप्ति के लिए किये गए कर्मों का उसे उपभोग करने वाले व्यक्ति पर प्रभाव, सृष्टि की सम्पूर्ण गतिविधियों को संचालित करता काल-चक्र, जीवन-यात्रा को सफल बनाने, मृत्यु के भय से छुटकारा पाने तथा मोह के प्रतिकार हेतु कुछ सुझाव, 'सर्वे भवन्तु सुखिनः' के रूप में भारतीय जीवन-दर्शन में समाहित सबके कल्याण की कामना, आधुनिक विज्ञान तथा प्राचीन भारतीय दर्शन का पारस्परिक सम्बन्ध, आदि।

इस सम्बन्ध में लेखक द्वारा जो भी विचार व्यक्त किये गए हैं, वे प्राचीन भारतीय दर्शन-ग्रंथों में प्रतिपादित सिद्धांतों, समय-समय पर मूर्धन्य मनीषियों द्वारा की गयी विवेचना तथा स्व-चिंतन-मनन के माध्यम से, जितना उसके द्वारा इस विषय को समझा जा सका, पर आधारित हैं। परन्तु चूँकि उक्त विषय अत्यंत गूढ़ हैं, जिनके बारे में बड़े-बड़े विद्वान भी एकमत नहीं हो पाते, अतः हो सकता है कि कुछ सुधी पाठकगण पुस्तक में प्रस्तुत किन्हीं विचारों से सहमत न हों। इसलिए लेखक का विनम्र निवेदन है कि इस सम्बन्ध में यदि उनके कोई पृथक विचार हों, तो कृपया लेखक को उनसे अवगत कराएं, क्योंकि परस्पर विचार-विनिमय से बहुत सी भ्रांतियां मिट जाती हैं। फिर सत्य से साक्षात्कार कोई सरल कार्य नहीं है, जिस तक पहुँचने के अनेक मार्ग एवं ढंग बताये गए हैं।

दूसरे, लेखक के विनम्र मत में, सामान्यतः किसी भी विषय पर तथा विशेष रूप से गूढ़ आध्यात्मिक बिन्दुओं पर, यदि 'शास्त्रार्थ' (अर्थात वाद-विवाद, जिसमें सभी सम्बंधित पक्ष विजयी होने के उद्देश्य से अपनी-अपनी बात को सही सिद्ध करने के लिए कटिबद्ध रहते हैं) के स्थान पर, 'ज्ञान-चर्चा' (अर्थात गंभीर विचार-विमर्श, जिसमें सभी प्रतिभागी किसी भी प्रकार के पूर्वाग्रह से रहित होकर, सम्बंधित विषय पर तर्क-पूर्ण ढंग से अपने-अपने विचार प्रस्तुत करते हैं और दूसरों के दृष्टिकोण से संतुष्ट होने पर, उसे स्वीकार करने को भी सहर्ष तत्पर रहते हैं) करें, तो सबकी ज्ञान-वृद्धि के साथ-साथ, बेहतर निष्कर्ष पर पहुँचने की संभावना भी बढ़ जाएगी।

अतः यदि लेखक को, जो ज्ञान-पिपासा से प्रेरित एक 'अल्पज्ञ-जिज्ञासु' व सत्य-मार्ग पर प्रयाण करने का इच्छुक 'लघु-पथिक' मात्र है तथा अभी अपनी आध्यात्मिक अंतर्यात्रा ठीक से आरम्भ भी नहीं कर पाया है, इन गूढ़ किन्तु अनुत्तरित प्रश्नों के विषय में आपके बहुमूल्य विचार जानने को मिलें, तो उनका स्वागत है।

भवदीय,

नीरज गुप्ता

पता : स्योहारा-246746

जिला बिजनौर, उ.प्र.

Mail Id : neeraj.argupta@gmail.com

अनुक्रम

1.
जीवन के रहस्यों से पर्दा उठाती एक यात्रा

ये कहानी है एक यात्रा की, जो हमने हाल ही में संपन्न की थी। वैसे तो यात्रा करना एक सामान्य बात है, जिसमें कहानी लिखने जैसा प्राय: कुछ नहीं होता। परन्तु इस यात्रा में कुछ ऐसा संयोग बना कि जीवन से जुड़े अनेक रहस्यों की परतें हमारे सामने खुलती चली गयी और कई गूढ़ प्रश्नों के उत्तर भी अनायास प्राप्त हो गए, जिन्हें हम आपसे साझा करना चाहेंगें।

हुआ ये कि हमें किसी पारिवारिक समारोह में सम्मिलित होने के लिए सपरिवार एक लम्बी रेल-यात्रा पर जाना पड़ा। हमने रेलवे से रिजर्वेशन कराया और नियत दिन स्टेशन पहुँच कर ट्रेन पकड़ ली। गाड़ी अपने निर्धारित समय रात 8 बजे चल दी और घोषणा हुई कि सुबह 10 बजे गंतव्य पर पहुँच जायेंगे। उसके बाद खाना खाकर हम सो गए।

सुबह शोर सुनकर आँख खुली तो पाया कि तेज बारिश हो रही है और गाड़ी बहुत देर से किसी छोटे-से स्टेशन पर खड़ी है। पूछने पर पता लगा कि तेज वर्षा के कारण कुछ ही दूर बना रेल का पुल क्षतिग्रस्त हो गया है, इसलिए ट्रेन को आगे जाने का रास्ता देना फिलहाल संभव नही है। अत: जब तक पुल की मरम्मत नहीं हो जाती, ट्रेन यहीं खड़ी रहेगी।

यह सुनकर यात्री परेशान हो गए, अब क्या करें! एक तो मात्र रात भर का सफर होने के कारण लोग अपने साथ खाने-पीने का सामान नहीं लाये थे, ऊपर से ट्रेन में पैंट्री-कार भी नहीं थी। स्टेशन के पास बस पेड़ और खेत, दूर-दूर तक बस्ती का कोई नामो-निशान नहीं! देखते ही देखते ट्रेन का खुशनुमा माहौल, चिंता, बेचैनी और घबराहट में बदल गया और लोग नीचे उतर कर स्टेशन की छोटी-सी पुरानी बिल्डिंग में इकट्ठा हो गए।

एक तो अनजान जगह, ऊपर से समय काटने की समस्या, सो आपस में बातचीत होने लगी। घूम-फिर कर बात पहुँची इस विषय पर कि यह जीवन भी कितना अजीब है, हम क्या सोचते हैं और क्या हो जाता है! धीरे-धीरे बात रोचक मोड़ पर पहुँच गयी और बहुत से यात्री इसमें भाग लेने लगे।

तब एक सज्जन, जो आरम्भ से हर बात को उत्सुकतापूर्वक सुन रहे थे (सुविधा के लिए इन्हें हम 'जिज्ञासु' कह सकते हैं), ने सुझाव दिया कि यदि पहले सब एक-एक कर अपना परिचय दें, फिर जीवन के विषय में अपना नजरिया बतायें, तो न केवल सभी को अपनी बात कहने का अवसर मिलेगा बल्कि सबकी ज्ञान-वृद्धि भी होगी। सुझाव सबको पसंद आ गया। फिर क्या था, सभी ने अपने-अपने पेशेवर दृष्टिकोण से जीवन की व्याख्या करने का प्रयास किया और इस विषय पर एक से बढ़ कर एक रोचक व विचारपरक परिकल्पनायें सामने आयी। आइये, आप भी इनका आनंद लें!

2.
जीवन एक : अर्थ अनेक

1. स्टेशन मास्टर की नजर में

सबसे पहले जिन सज्जन की बारी आयी, वे काला कोट पहने, टोपी लगाये, मजे से बैठे पान चबा रहे थे। मालूम हुआ कि रेलवे में स्टेशन-मास्टर हैं और अगले स्टेशन पर ड्यूटी ज्वाइन करने जा रहे हैं। बोले, जीवन एक रेल-यात्रा के समान है जिसमें हर यात्री (जीव) के लिए, बर्थ (birth) अर्थात 'जन्म', लेने से पहले ही, बर्थ (berth) अर्थात 'सीट', बुक होती है तथा यात्रा (जीवन-यापन) के लिए आवश्यक सामान भी साथ ही मिलता है। बर्थ की श्रेणी (जन्म के समय मिली परिस्थितियाँ, जैसे व्यक्ति की शारीरिक व मानसिक दशा, परिवार की सामाजिक व आर्थिक स्थिति आदि), यात्री द्वारा लिए गए टिकट (पूर्व-जन्म में किये गए कर्मों) पर आधारित होती है, परन्तु कोई यात्री अगर चाहे, तो अतिरिक्त शुल्क देकर इसकी श्रेणी बढ़वा सकता है (वर्तमान में अच्छे कर्म करके प्रारब्ध से मिली परिस्थितियों को बदल सकता है)।

जैसे ही कोई यात्री डिब्बे में प्रवेश करता है (प्राणी जन्म लेता है), उसे निर्धारित बर्थ मिल जाती है और अन्य सह-यात्रियों (परिजनों) के साथ उसकी यात्रा (जीवन) प्रारंभ हो जाती है। सफर के दौरान पुराने सह-यात्री अपना निर्धारित स्टेशन आने पर एक-एक कर उतरते चले जाते हैं (अपनी आयु पूर्णकर मृत्यु को प्राप्त होते जाते है) तथा नए यात्री बीच के स्टेशनों से चढ़कर साथ जुड़ते जाते हैं (विवाह तथा परिवार में जन्म होने आदि के कारण नए-नए रिश्ते बनते जाते हैं)। साथ-साथ यात्रा करते हुए बहुत से यात्रियों में आत्मीयता हो जाती है, तो कुछ में शत्रुता! परन्तु इनको तब तक साथ रहना होता है, जब तक उनकी यात्रा समाप्त नहीं हो जाती। किसी

यात्री के चाहने से उसकी या उसके किसी सहयात्री की यात्रा-अवधि ना तो बढ़ाई जा सकती है और न ही कम की जा सकती है।

विचित्र बात यह है कि यहाँ किसी भी यात्री को अपने गंतव्य की जानकारी नहीं होती। इसके विषय में केवल केबिन-इंचार्ज (धर्मराज) ही जानते हैं, जो बिना कोई पूर्व-सूचना दिए, उसे निर्धारित स्टेशन पर उतार देते हैं (उसकी जीवन-लीला समाप्त कर देते हैं)। दूर बैठे टिकट-चैकर (चित्रगुप्त), अपने CCTV द्वारा सब यात्रियों के क्रिया-कलापों (कर्मों) को चुपचाप देखते और अपनी डायरी में नोट करते रहते हैं।

रेलवे-मैन्युअल (प्राकृतिक नियमों) के अनुसार, अपने गंतव्य पर पंहुच कर (आयु समाप्त हो जाने पर), यात्री समूह में नहीं रह सकते। यहाँ से उन्हें प्रतीक्षालय (मृत्यु के उपरांत जीव के विश्राम की अवस्था) में नितांत अकेले प्रवेश करना होता है, जहाँ अपने-अपने आचरण के अनुसार, अधि कतर यात्रियों को अगली यात्रा का टिकट (नया जन्म लेने का अवसर) मिलता है, जबकि कुछ सज्जन यात्रियों को बार-बार आने-जाने (आवागमन) से सदैव के लिए मुक्त होकर अपने स्थायी निवास की ओर (ईश्वर के समीप) जाने की अनुमति मिल जाती है।

परन्तु आश्चर्य का विषय है कि जब सभी यात्री अच्छी तरह से जानते हैं कि जिस बर्थ पर बैठकर वे यात्रा कर रहें हैं तथा जो सामान आज उनके पास है, उसका उपयोग पहले कोई और कर रहा था तथा उनकी यात्रा पूरी हो जाने पर वही सब किसी और को सौंप दिया जायेगा (न तो जन्म लेने से पहले कुछ उनका था और न ही मृत्यु के बाद उनका रहेगा), तब भी अधिकतर लोग इस भ्रम का शिकार रहते हैं कि जैसे रेलवे का (ईश्वर प्रदत्त) यह सभी साजो-सामान (सुख-सुविधाएँ) सदैव के लिए उन्हें मिल गया हो!

2. पायलट की नजर में

दूसरे नंबर पर बैठे सज्जन पायलट थे, बोले, जीवन एक हवाई-यात्रा के समान है, जिसमें उड़ान भरते समय जब विमान धरती छोड़कर ऊपर उठ रहा होता है (जीवन में जब संघर्ष की शुरुआत होती है), तो यात्री उद्विग्न हो जाते हैं। कुछ घबरा कर उस घड़ी को ही कोसने लगते हैं, जब उन्होंने हवाई-यात्रा का टिकट लिया था (दुनिया में जन्म लिया था)। परन्तु जैसे ही

विमान समुचित ऊंचाई पर पहुँच कर, सामान्य स्थिति में उड़ान भरने लगता है (जीवन सुचारू रूप से चलने लगता है), लोग डर को भूलकर यात्रा का आनंद लेने लगते हैं। यात्रा में कभी तीव्र झटके (कठिनाइयाँ) महसूस होते हैं, तो कभी चंचल बादलों को विमान के साथ अठखेलियाँ करते देख (जीवन में आये रोमांच के पल) यात्री मंत्रमुग्ध हो जाते हैं।

जब पायलट (ईश्वर) विमान को और ऊंचाई पर ले जाता है (हम जीवन में बहुत उन्नति कर लेते हैं), तो ऐसा लगने लगता है, मानो हम सातवें आसमान पर पहुँच गए हैं और पूरी दुनिया हमारे पाँव के नीचे है (अभिमान में चूर होकर स्वयं को सबसे ऊँचा समझने लगते हैं)।

परन्तु कुछ ही समय बाद घोषणा होती है कि हम गंतव्य पर पहुँचने वाले हैं। विमान के धरती को छूते ही तेज झटका लगता है, मानो हम आकाश से धरती पर लौट आने (अपनी वास्तविक अवस्था को प्राप्त करने) की सच्चाई को एकदम स्वीकार नहीं कर पाते। विमान के द्वार खुलते ही यात्रियों को 20^0c तापमान से निकल कर (अस्थायी रूप से मिले सुख-साधनों को छोड़कर), बाहर 40^0c (जीवन की कठोर सच्चाइयों) का सामना करना होता है और मनुष्य के पाँव जैसे खुद ब खुद जमीन पर आ जाते हैं (विवश होकर वह सच्चाई को स्वीकार कर लेता है)।

3. जहाज के कप्तान की नजर में

तीसरे यात्री, जो किसी शिपिंग कंपनी में काम करते थे, बोले जीवन एक समुद्री-यात्रा के समान है, जिसमें जहाज पर सवार होकर जब हम सागर के बीचों-बीच पहुँचते हैं और डेक पर खड़े होकर चारों ओर देखतें हैं, तब न तो वह किनारा नजर आता है, जहाँ से हमने यात्रा शुरू की थी (जीवन का प्रारंभ) और न ही वो छोर दिखता है, जहाँ हमें जाना है (हमारी मंजिल)! चारों ओर बस पानी ही पानी (अनिश्चितता का वातावरण) देखकर हमें चक्कर आने लगते हैं (निराशा हमें घेर लेती है)।

परन्तु हमें जहाज के कप्तान (सर्वशक्तिमान परमात्मा) पर भरोसा करना ही होता है कि वह हमें भयंकर तूफानों, खून की प्यासी शार्कों व पानी के नीचे छिपी खतरनाक चट्टानों (जीवन की जटिलतम समस्याओं) से बचाकर

सुरक्षित किनारे लगा देगा (हमारा जीवन शांतिपूर्वक बीत जायेगा), क्योंकि इसके अतिरिक्त हमारे पास और कोई चारा भी नहीं होता!

4. योद्धा की नजर में

अब जिन्हें बोलना था, उनके चेहरे पर थी गरिमा, बातचीत में दृढ़ता और व्यवहार में अनुशासन! कहना न होगा, सेना में अधिकारी थे। बोले, जीवन नाम है एक जंग का, जो चाहे-अनचाहे, हमें लड़नी ही होती है। जब दुश्मन बेगाना हो, हम उससे घृणा करते हों और जानते हों कि यह लड़ाई हमारे लिए आस्था, अस्तित्व और अस्मिता का प्रश्न है, तो प्राण-पण से लड़कर विजय प्राप्त करना कदाचित् सरल होता है। परन्तु जब युद्ध अपनों से हो, तो शंकाएं उत्पन्न होना स्वाभाविक है, क्योंकि युद्ध में हारकर तो कभी कुछ मिलता ही नहीं, पर यहाँ तो जीतकर भी कुछ पाने की आशा नहीं होती।

ऐसे में एक सामान्य योद्धा तो क्या, अर्जुन जैसे शूरवीर भी मैदान छोड़कर चले जाने को उद्यत हो जाते हैं। तब युद्ध-भूमि में उपजे इस 'मोहजनित-विषाद' को दूर करने के लिए सामने आते हैं 'योगेश्वर श्रीकृष्ण' और 'गीता' के रूप में प्रस्फुटित होती है ज्ञान की एक ऐसी गंगा, जो बहा ले जाती है उस अवसाद को, जिसने अपने सगे-सम्बन्धियों को युद्ध-भूमि में सामने पाकर अर्जुन को घेर लिया था।

तब से आज तक, जब भी जीवन-रूपी इस संग्राम में कोई योद्धा विचलित हुआ है, तो आता है इसी युग-वाणी के अमृत-वचनों की शरण में और पाता है, परिणाम की चिंता छोड़, निष्काम भाव से युद्ध लड़ने तथा अपने-पराये, विजय-पराजय, निंदा-स्तुति को भूलकर समर्पित भाव से केवल कर्त्तव्य-पालन हेतु कर्म करने का सन्देश, जो दूर कर देता है सच्चिदानंद परब्रह्म की ओर ले जाने वाली राह के समस्त अवरोध तथा हमारे प्रवेश के लिए खोल देता है परमानन्द के दिव्य द्वार!

5. किसान की नजर में

इसके बाद जिन सज्जन की बारी आई, उन्हें सादे कपड़े पहने, आँखों में मेहनत की चमक और होठों पर सरल मुस्कान लिए, रंग ऐसा जो कभी साफ रहा हो पर धूप में तपकर काला पड़ चुका था, देखते ही हम समझ गये कि ये तो 'अन्नदाता' के सिवा और कोई हो ही नहीं सकते! मालूम हुआ कि पास के गाँव में रहते हैं और यात्रियों की विपदा का पता लगने

पर खाने-पीने का सामान लेकर आये थे, फिर बातचीत सुनकर बैठ गए। हमने पूछा किसान हैं? बोले, आपने कैसे पहचाना? हमने उत्तर दिया, भले ही दुनिया कितनी भी क्यों न बदल गयी हो, जिनका पैदा किया अन्न खाकर बड़े हुए, उन्हें कैसे नहीं पहचानेंगे! उनका चेहरा खिल उठा, किसी ने बातों से ही सही, पेट भरने की कोशिश तो की थी!

तब थोड़ा सकुचाते हुए, किन्तु अनुभव-जनित परिपक्वता के साथ उन्होंने बोलना शुरू किया कि कहते हैं, किसान के लिए खेती जीवन है, पर ये जीवन भी तो खेती के ही समान है। यहाँ जैसा बीज बोओगे, वैसी ही फसल काटोगे (जैसा कर्म करोगे, वैसा ही फल पाओगे)। जैसे बबूल का पेड़ लगाने से आम के फल नहीं मिल सकते, वैसे ही बुरे कर्म करके अच्छे फल की आशा रखना व्यर्थ है।

साधारण से दिखने वाले किसान के मुख से इतनी गंभीर बात सुनकर सब चौंक उठे और ध्यान लगाकर उनकी बात सुनने लगे। अब संकोच खुल चुका था और वो धाराप्रवाह बोले जा रहे थे। बोले, भाई! खेती की ही तरह इस जीवन का भी कोई भरोसा नहीं। बीज बोना (कर्म करना) हमारे हाथ में है, फसल कैसी होगी, ये तो कुदरत ही जाने (फल ईश्वर के हाथ में है)! पर फसल हो न हो, हमें तो बीज बोना और खाद-पानी देना ही है (फल की चिंता छोड़कर कर्म करना ही है)।

गीता का सम्पूर्ण सार इतने सरल शब्दों में सुनाकर वे चुप हो गए और उपस्थित-जन वाह-वाह कर उठे।

6. गृहिणी की नजर में

अब बारी थी हमारी धर्मपत्नी की, जो एक गृहणी हैं। बोली, जीवन प्याज के एक फल की तरह है। आप इसकी एक परत उतारते हैं और उत्सुकता से प्रतीक्षा करते हैं कि देखें आगे क्या निकलता है। परन्तु सामने आ जाती है दूसरी, फिर तीसरी और अंत में आखिरी परत, जिसके बाद कुछ नहीं होता। आप ठगे से रह जाते हैं, यह क्या हुआ! यदि अन्दर कुछ था ही नहीं, तो परत दर परत इतनी हिफाजत किसको सहेजने के लिए की गयी थी?

अब जरा सोचिये, क्या यही सब हमारे जीवन में नहीं होता! हम दिन भर कुछ न कुछ करते रहते हैं, फिर रात को जब मंथन करते हैं कि आज जो कुछ भी हमने किया, उसका अर्थ क्या है, तो कुछ समझ में नहीं आता।

तब हारकर मन को समझा लेते हैं कि आज नहीं तो क्या, एक दिन अवश्य आयेगा, जब हम ऐसा कुछ कर पायेंगें, जो अर्थपूर्ण होगा! पर ऐसा कभी हुआ है क्या? देखते ही देखते जीवन की शाम ढल जाती है और हम उसी पल की प्रतीक्षा में बैठे रह जाते हैं, जब ऐसा कुछ होगा, जिससे हमें अपना जन्म लेना सार्थक लगने लगेगा।

7. कंप्यूटर इंजीनियर की नजर में

इसके बाद अपनी पत्नी व नवजात पुत्री के साथ बैठा था हमारा बड़ा पुत्र, जो कंप्यूटर इंजीनियर है। यद्यपि वो उस समय भी लैपटॉप पर उलझा हुआ था, परन्तु बातचीत की रोचकता से आकर्षित होकर इसमें शामिल हो गया। बोला, जीवन एक जटिल सॉफ्टवेयर प्रोग्राम है, जिसे एक कुशल इंजीनियर (विधाता) ने सृष्टि के कंप्यूटर पर चलाने के लिए इस प्रकार डिजाइन किया है कि ब्रह्माण्ड के सभी घटक जैसे पृथ्वी, सूर्य, चन्द्रमा आदि आकाशीय पिण्ड भी अपने-अपने पूर्व-निर्धारित मार्ग पर निर्बाध गति से चलते रहते हैं तथा यहाँ होने वाली प्रत्येक घटना का पूर्ण विवरण इस कंप्यूटर की स्मृति में सदैव के लिए सुरक्षित हो जाता है।

सभी जीवात्माओं के क्रिया-कलापों का रिकॉर्ड रखने के लिए सॉफ्टवेयर में अलग-अलग फाइल बनी होती है, जिसमें उनकी 'मनसा-वाचा-कर्मणा' सभी गतिविधियों, अर्थात मन में आये सूक्ष्म विचारों, मुख से बोले गये वचनों तथा शरीर से किये गए कार्यों का संपूर्ण लेखा-जोखा स्वतः दर्ज होता रहता है। मृत्यु के उपरांत विधाता द्वारा उनके कर्मों का मूल्यांकन इसी रिकॉर्ड के आधार पर किया जाता है।

8. अकाउंटेंट की नजर में

अगला नंबर हमारे छोटे पुत्र का था, जो पेशे से चार्टर्ड अकाउंटेंट है। वह अपनी पत्नी के साथ बैठा किसी कम्पनी की ऑडिट रिपोर्ट रिव्यू कर रहा था। अपनी बारी आने पर बोला कि जीवन एक व्यापार के समान है, जो 'लाभ' कमाने (पुण्य अर्जित करने) हेतु किया जाता है, परन्तु इसमें कभी-कभी 'हानि' (जाने-अनजाने पाप के भागी बन जाना) भी उठानी पड़ जाती है। इस व्यापार की बैलेंस-शीट (जीव के आध्यात्मिक विकास की अवस्था) जहाँ 'संपत्तियों व लेनदारियों' (शुभ-कर्मों से अर्जित फल) की स्थिति दिखाती है, वहां 'ऋणों व देनदारियों' (न निभाए गये दायित्वों तथा

पाप-मार्ग से अर्जित सम्पदा) का हिसाब भी रखती है। व्यापार का संचालन सरकार (ईश्वर) की निगरानी में होता है, जिसका हिसाब-किताब (कर्मों का लेखा-जोखा) समय-समय पर ऑडिट के लिए प्रस्तुत करना होता है।

चूँकि व्यापार को डूबने से बचाने (संचित पापकर्मों से मुक्ति पाने) का अवसर खोना महंगा पड़ सकता है (जैसाकि शास्त्र कहते हैं, कर्म करने व मोक्ष पाने का अधिकार केवल मनुष्य योनि में ही मिलता है, जो बार-बार नहीं मिलती), अतः एक 'अनुभवी अकाउटेंट' (सच्चा हितैषी) यही सलाह देता है कि परिवर्तनीय लागत (Variable Cost) यथासंभव कम करने के उपाय किये जायें (दैनिक व्यवहार में बुराई से बचा जाये) तथा स्थायी लागत (Fixed Cost) को अनुपयोगी खर्चे रोककर निरंतर घटाया जाये (दीर्घ-काल से आदत बन चुके दुर्व्यसनों को क्रमशः छोड़ा जाये)।

सभी उपलब्ध संसाधनों का अधिकतम दोहन कर (अपनी सभी कर्मेन्द्रियों को ईश्वरोन्मुख कर), लाभालाभ-बिंदु (Break-Even Point) अर्थात वह बिंदु जिस पर व्यापार बराबरी पर रहता है, न उसे लाभ होता है और न ही हानि (पाप-पुण्यों से परे की स्थिति), तक पहुंचा जाये, ऊँची ब्याज-दर पर लिए गए पुरातन ऋणों का शीघ्र भुगतान (पूर्व-जन्म के कठिन पाप-कर्मों का क्षय करने हेतु वर्तमान में अधिक से अधिक सत्कर्म) कर इसी 'वित्तीय-वर्ष' (जन्म) में अकूत 'धन-सम्पदा' (बहुमूल्य आत्मिक-ऊर्जा) संकलित करने का प्रयास करें, जिससे सरकार के सम्मुख अपने कार्य का लेखा-जोखा प्रस्तुत (ईश्वर से साक्षात्कार) करते समय लज्जित न होना पड़े।

9. वकील की नजर में

अब काला कोट पहने, सफेद कॉलर लगाए, जो महिला बैठी थी, वह वकील थी। बोली, जीवन 'संपत्ति हस्तांतरण अधिनियम, 1882 के प्रावधानों के अनुसार एक 'पट्टे' (**Lease**) की भांति है, जो पट्टे-दार (विधाता) द्वारा पट्टा-धारक (जीव) को किसी विशेष उद्देश्य की पूर्ति (मोक्ष प्राप्ति) हेतु दिया जाता है। अंतर केवल इतना है कि जहां औपचारिक पट्टे के मामले में अनुबंध (Contract) के दोनों पक्ष एक दूसरे के सामने होते हैं, 'जीवन' के विषय में केवल पट्टा लेने वाला पक्ष (जीव) ही प्रकट होता है, जबकि पट्टा देने वाले (निराकार ब्रह्म) से, इन्द्रियातीत होने के कारण, साक्षात संपर्क नहीं किया जा सकता।

दूसरे, औपचारिक पट्टे के मामले में अनुबंध की समयावधि (Tenure) पूर्व-निर्धारित होती है। यदि किसी कारणवश एक पक्ष इसे समय से पूर्व समाप्त करना चाहे, तो उसे दूसरे पक्ष को क्षतिपूर्ति की राशि का भुगतान करना होता है। ऐसा न करने पर उसके विरुद्ध न्यायालय में अपील की जा सकती है। परन्तु जीवन के मामले में उसकी अवधि (आयु) की कोई गारंटी नहीं होती, जिसे विधाता जब चाहे, बिना किसी पूर्व-सूचना के समाप्त कर सकता है। इसके लिए दिवंगत या उसके उत्तराधिकारी, न तो किसी प्रकार की क्षतिपूर्ति का दावा कर सकते हैं और न ही उनकी कहीं कोई सुनवाई होती है।

इसके विपरीत, मनुष्य यदि अपनी इच्छा से इसे समाप्त करने का प्रयत्न मात्र भी करे अर्थात आत्महत्या का प्रयास करें) तो उसे 'कायर' कहा जाता है तथा भारतीय दण्ड संहिता, 1860 की धारा 309 के अंतर्गत न्यायालय द्वारा दण्डित भी किया जाता है (यद्यपि उसे यह दंड तभी दिया जा सकता है, जब वह अपने इस प्रयास में विफल हो जाये)।

10. कारागार अधीक्षक (जेलर) की नजर में

इसके बाद बैठे थे बड़ी-बड़ी मूंछों वाले, खाकी वर्दीधारी एक रोबदार अफसर, जिनकी नाम-पट्टिका से ही पता चल गया कि जेलर हैं। भारी आवाज में बोले, जीवन कारागार की सजा की भांति है, जिसे भुगतने लोग इस दुनिया में आते हैं।

जो अपने अच्छे व्यवहार तथा साथी कैदियों की सेवा कर (सत्कर्म एवं परहित के कार्यों द्वारा) अधीक्षक (सर्वशक्तिमान परमात्मा) को प्रसन्न कर लेते हैं, उनकी सजा कम हो जाती है (दुखों से जल्द छुटकारा मिल जाता है)। परन्तु जिनमें सुधार का कोई लक्षण दिखाई नहीं देता, उनकी सजा और बढ़ा दी जाती है (वे और अधिक दुःख पाने लगते हैं)।

11. बैंक प्रबंधक की नजर में

उसके बाद जो सज्जन बैठे थे, वह किसी बैंक में मैनेजर थे। अपनी बारी आने पर बोले, जीवन एक कैश-क्रेडिट लिमिट अकाउंट के समान है। इस खाते से जितनी राशि आप निकालेंगे (जितने पाप-कर्म करेगें), वह आपके खाते में डेबिट हो जायेगी, जिसे बाद में ब्याज-समेत चुकाना पड़ेगा (दुखों के रूप में)। साथ ही, जितना धन आप इसमें जमा करते

जायेंगे (परोपकार के कार्य करेंगे), वह आपके खाते में क्रेडिट होता रहेगा, जो भविष्य में ब्याज-सहित वापस मिलेगा (सुखों के रूप में)। परन्तु यह हिसाब-किताब कब, कहाँ और किस रूप में चुकाया जायेगा तथा इस डेबिट व क्रेडिट का निबटारा अलग-अलग होगा या दोनों को आपस में एडजस्ट कर शेष राशि का ही लेन-देन होगा, यह पूर्णतया बैंक (ईश्वर) पर निर्भर है, इसमें ग्राहक (जीव) का कोई दखल नहीं रहता।

कभी तो बैंक द्वारा पुराने कर्ज की वसूली इतने समय बाद होती है (सहसा विपत्ति का पहाड़ टूट पड़ता है), जब ग्राहक को याद भी नहीं होता कि उसने कभी ऐसा कोई ऋण लिया था (कोई बुरा कर्म किया था)। तब वह उसके लिए बैंक को कोसने लगता है (ईश्वर को दोष देने लगता है।) इसी प्रकार, कभी बैंक द्वारा पुराने जमा धन का अकस्मात भुगतान कर दिया जाता है (झोली अकल्पनीय खुशियों से अनायास भर जाती है), जबकि खातेदार को पता ही नहीं होता कि उसने खाते में कभी रूपया जमा भी किया था (कोई बड़ा पुण्य-कर्म किया था)। आश्चर्यचकित हुए खातेदार को मालूम ही नहीं हो पाता कि यह उसके खाते के पुराने हिसाब-किताब हैं, जिनका निबटारा बैंक द्वारा वर्तमान में किया जा रहा होता है।

इस खाते से धन निकालने (पाप कर्म करने) की एक 'Limit' अर्थात सीमा निर्धारित होती है, जिसे यदि कोई पार करने का प्रयास करता है (पाप का घड़ा भरने वाला होता है), तो पहले उसे बैंक (प्रकृति) द्वारा चेतावनी दी जाती है (ऐसे व्यक्ति के जीवन में गंभीर आकस्मिक समस्याएँ आनी प्रारंभ हो जाती हैं), परन्तु यदि कर्जदार फिर भी ध्यान नहीं देता (पाप-कर्म करता ही रहता है), तो उसके खाते पर रोक लगा दी जाती है (उसे किसी प्रकार से असहाय बना दिया जाता है)। इसके विपरीत यदि खाते में क्रेडिट की रकम डेबिट से ज्यादा हो जाती है, तो उसे ऊँचे ब्याज दर वाली फिक्स्ड-डिपाजिट में परिवर्तित कर दिया जाता है (उस व्यक्ति के जीवन में खुशियाँ छा जाती हैं)।

परन्तु अंततः बैंक से 'अदेयता प्रमाण-पत्र' (No Dues Certificate) प्राप्त करने (मोक्ष के मार्ग पर अग्रसर होने) हेतु इस खाते को बराबरी पर लाना होता है (पाप व पुण्य दोनों से ही ऊपर उठना होता है)। इसके लिए किसी अनुभवी फाइनांस कंसलटेंट (सद्गुरु) से मार्गदर्शन लेना सुविधाजनक रहता है।

12. जादूगर की नजर में

अब जिनका नंबर आया, वे शौकिया जादूगर थे। कहने लगे, जीवन जादूगर (ईश्वर) का रचाया तमाशा है, जिसमें दर्शक (जीव), जादू (माया-जाल) से भ्रमित होकर यह भी भूल जाते हैं कि वे कौन हैं तथा इस दीर्घा (संसार) में क्यों बैठे हैं। उनमें से कुछ यथार्थ को सपना, तो कुछ सपने को यथार्थ समझ बैठते हैं। कोई भ्रमित होकर सोचने लगता है, मानो वह चक्रवर्ती सम्राट बन गया है और फिर वास्तव में उसी तरह व्यवहार भी करना शुरू कर देता है (घमंड में चूर होकर दूसरों पर रौब जमाना शुरू कर देता है)।

कोई अन्य दर्शक कल्पना करने लगता है, जैसे वह अपने परिजनों के साथ एक मनोरम स्थान पर पिकनिक मना रहा था कि अचानक डाकुओं का एक दल आकर उन्हें लूट लेता है और मार-पीट कर अधमरा करके छोड़ जाता है। वह पीड़ा से व्याकुल होकर बचाने के लिए गुहार लगाता है।

इनको ऐसी स्थिति में पाकर, उनका शिक्षक (गुरु), जो उनके साथ ही बैठा तमाशा देख रहा होता है (इसी दुनिया में तटस्थ भाव से जीवन व्यतीत कर रहा होता है), पानी के छींटे डालकर उन्हें जगाता है (सत्य का उपदेश देता है)। नींद से जागकर (गुरु से ज्ञान प्राप्त कर), वे चैन की साँस लेते हैं (दुखों से मुक्ति पाने का अनुभव करते हैं), फिर स्वयं पर (भ्रम को सत्य समझ बैठने की अपनी भूल पर) हंसने लगते हैं तथा उन्हें जगाने के लिए (सांसारिक सुख-दुख की सत्यता समझाने के लिए) अपने शिक्षक को धन्यवाद देते हैं।

13. अभिनेता की नजर में

अगले सज्जन जो नाटकों में अभिनय करते थे, बोले जीवन एक नाटक है, जिसमें सभी कलाकारों (जीवों) को अपनी-अपनी भूमिका निभानी होती हैं। यहाँ अभिनेता स्वयं यह निर्धारित नहीं कर सकते कि किसको कौन सी भूमिका निभानी है, बल्कि यह निर्देशक (सृष्टि-रचियता) का विशेषाधिकार होता है। इसलिए वह उनके अभिनय का मूल्यांकन करते समय यह नहीं देखता कि किसने क्या भूमिका की, बल्कि यह देखता है कि किसने अपनी भूमिका किस प्रकार निभायी (किसी की सामर्थ्य कितनी है, यह गौण है, मुख्य यह है कि कौन किस भावना से तथा कितना प्रयास करता है)!

अतः जो लोग, बिना कोई शिकायत किये, अपनी भूमिका पूरी सत्यता, निष्ठा व समर्पण भाव से निभाते हैं, वे निर्देशक के कृपापात्र होते हैं, परंतु जो दुर्भावना, कुंठा व दुराग्रह से प्रेरित होकर कार्य करते हैं, वे उसे प्रसन्न नहीं कर पाते हैं।

14. फिल्म निर्माता की नजर में

अभिनेता के साथ बैठे सज्जन फिल्म-निर्माण कार्य से जुड़े थे। अपनी बारी आने पर बोले कि जीवन एक फिल्म की तरह है, जिसकी शूटिंग पहले ही हो चुकी है, परन्तु देख हम अब रहे हैं। अर्थात जो घटनाक्रम हमें अपनी आँखों के सामने होता हुआ प्रतीत हो रहा हैं, हम उसके पात्र अवश्य हैं, परन्तु वह सब-कुछ पहले ही घटित हो चुका है। अतः हम इसे उसी तरह देखें, जैसे फिल्म कलाकार, अपनी फिल्म पूरी हो जाने पर, उसे सिनेमा-हॉल में एक आम दर्शक की तरह देखकर अपने अभिनय का स्वयं मूल्यांकन करते हैं (अर्थात हम सांसारिक क्रिया-कलापों में आसक्त होने के स्थान पर साक्षी भाव से इनमें सम्मिलित हों और स्वयं को अन्य जीवों की तरह ईश्वरीय व्यवस्था का अंग मानकर, दूसरों के साथ-साथ अपने कर्मों की भी तटस्थ भाव से समीक्षा करते चलें), ताकि अगली फिल्म में अभिनय करते समय (अगले जन्म के दौरान) वो गलतियां दोहराने की संभावना ना रहे, जो इस बार जाने-अनजाने हो चुकी हैं।

15. शायर व कवि की नजर में

अगले यात्रियों का नंबर आते ही सब उत्सुकता से उनकी तरफ देखने लगे। उनमें से एक चूड़ीदार पाजामा व शेरवानी पहने तथा दूसरे रेशमी धोती-कुर्ता पहने, लम्बे बालों को बाँधकर कमर पर लटकाए, देखने से ही क्रमशः शायर और कवि लग रहे थे, जो किसी साहित्यिक गोष्ठी में भाग लेने जा रहे थे। यद्यपि वे बातचीत को ध्यान से सुन रहे थे, पर बीच-बीच में कुछ लिखते भी जा रहे थे। अपनी बारी आते ही बोले कि इस विषय पर हम दोनों ने अभी-अभी कुछ पंक्तियाँ लिखी हैं, जिन्हें हम आप सबको सुनाना चाहेंगें। यह कहकर उन्होंने पढ़ना शुरु किया-

15.1. पहले शायर–

समझा नहीं कभी कोई जिसे,
ऐसी एक अजब दास्तान है जिन्दगी।

भटका मुसाफिर मंजिल न पाए,
ऐसा एक रेगिस्तान है जिन्दगी।

दूर दूर तक न कोई हो अपना,
ऐसा एक बियाबान है जिन्दगी।

वक्त के हाथों मिटता ही जाए,
ऐसा एक छोटा निशान है जिन्दगी।

धूप में झुलसा अकेला हो पंछी,
कुछ इस तरह हैरान है जिन्दगी।

गम से शुरू हो, हो गम पे खतम,
ऐसी एक गमें दास्तान है जिन्दगी।

अब कैसे जिए इस जहां में 'कमल'*
जब इस कदर वीरान है जिन्दगी!

*(यहाँ लेखक की सहमति से उसका काव्य-उपनाम, जो उसके नाम का पर्यायवाची भी है, शायर महोदय द्वारा प्रयोग कर लिया गया)

15.2. फिर कवि–

जीवन एक अनबूझ पहेली है,
जिसे बूझते-बूझते,
उम्र यों गुजर जाती है,

जैसे सपने में भटकते,
मुसाफिर की एक रात!

जब भी किसी तरह
इंसान इसके विषय में,
कोई धारणा बनाता है,
तभी कोई नया प्रश्न
सामने आ जाता है,
जो साबित कर देता है
कि अगर वो सच नहीं था,
जो पहले सोचा था
तो ये भी सच नहीं है,
जो अब लगता है।

इस तरह एक के बाद एक
हर उत्तर मिट जाता है
और ये सवाल वहीं का वहीं
खड़ा रह जाता है।

इसी उहापोह में,
कब मुट्ठी से रेत की तरह,
वक्त फिसल गया,
पता ही नहीं चलता है!
और एक दिन इन्सान
खुद को उम्र के
उस छोर पर पाता है,
जहां पहेली बूझने के लिए
उसके पास और समय ही
नहीं रह जाता है।
फिर थक-हार कर,

सौंप जाता है,
वो अगली पीढ़ी को,
ये मशाल,
इस उम्मीद में कि शायद
उनमें से कोई हल कर ही दे,
ये अनसुलझा सवाल!

कौन जाने कब से
जारी है ये सिलसिला,
जो करता आ रहा है
इंसान को विस्मित
और कब तक रहेगा
ये प्रश्न, यूं ही अनुत्तरित!

16. प्रकाशक की नजर में

अगले स्थान पर जो सज्जन बैठे थे, उनका परिचय सुनकर हमारी बांछे खिल गयी। वो एक प्रकाशन संस्थान चलाते थे। हमें लगा कि अगर ये प्रभावित हो जाएँ तो शायद हमारा लेख इनकी पत्रिका में छप जाए! हम ध्यान से उनकी बात सुनने लगे।

वह बोले, जीवन प्रकाशन हेतु लेखन-कार्य करने के समान है, जिसमें लेखक (जीव) इस आशा के साथ अपनी रचना (कर्म) लेकर प्रकाशक (ईश्वर) के पास पहुँचता है कि वह हमें हमारे प्रयत्नों का वांछित फल देगा। परन्तु ध्यान रहे, यह प्रकाशक बड़ा चतुर है, लेखन का मूल्यांकन अच्छे से करना जानता है। अतः न तो इस भ्रम में रहें कि पुस्तक पर चमकदार कवर लगाकर उसमें लिखी सामग्री की त्रुटियाँ ढक सकेंगे (सज्जन वेश धारण कर, अपने पाप ईश्वर से छिपा लेगें) या फिर किसी और का लिखा अपना कहकर प्रस्तुत कर देगें (दूसरों के पुण्य-कर्मों का श्रेय स्वयं ले लेगें या अपने पाप-कर्मों का दायित्व किसी अन्य पर डाल देंगे, क्योंकि यहाँ सबको अपने-अपने कर्मों का ही फल भोगना होता हैं, दूसरों के पाप-पुण्यों का नहीं)!

आइये, अब जरा इस प्रकाशक की कार्य-प्रणाली भी समझ लें! जो लोग इधर-उधर की साधारण खबरें इकट्ठी करके ले जाते हैं (केवल अपने जीवन-यापन के लिए ही कार्य करते हैं), उनका लिखा दैनिक समाचार-पत्र में छपता है, जिसकी कालावधि बहुत छोटी होती है। जैसी एक कहावत भी है "आज के अखबार से ज्यादा उपयोगी और बीते कल के अखबार से ज्यादा बेकार, कोई वस्तु नहीं होती" (एक सामान्य व्यक्ति को लोग केवल उसके जीवनकाल में ही जानते हैं, उसके कुछ समय पश्चात् ही वह स्मृति से लुप्त हो जाते हैं)।

कुछ लोग इससे थोड़ा आगे बढ़कर कुछ ऐसा लिखते हैं जो अधिक समय तक प्रासंगिक रहता है (अपने जीवन-यापन के साथ-साथ दूसरों की भलाई के कार्य भी करते हैं)। इनका लिखा सामयिक पत्र-पत्रिकाओं में छापा जाता है, जिसका जीवन-काल तुलनात्मक रूप से तो अधिक होता है, परन्तु कुछ समय बीत जाने पर इनका हश्र भी अखबार जैसा ही हो जाता है।

किन्तु इन सबसे इतर, कतिपय विभूतियां जैसे, नेताजी सुभाष चन्द्र बोस, सरदार भगतसिंह, स्वामी विवेकानंद, डॉ. अब्दुल कलाम आदि ऐसी कालजयी रचनाएँ करती हैं (निस्वार्थ-भाव से ऐसे महान कार्य कर जाते हैं), जो ग्रन्थ बन जाती हैं (युगों-युगों तक लोगों की स्मृति में छाये रहतें हैं) और आने वाली पीढ़ियाँ उनसे सन्दर्भ ग्रहण करती हैं (प्रेरणा लेती हैं)।

अब प्रकाशक जी तो बैठे हैं अपना दफ्तर खोले, पर सामग्री तो हमें ही देनी होगी, जिसको पारिश्रमिक मिलेगा रचना की गुणवत्ता देखकर और सम्मान रचनाकार की मंशा जानकर!

17. खिलाड़ियों की नजर में

इसके बाद बैठे थे विभिन्न खेलों से सम्बंधित कुछ खिलाड़ी, जो किसी पुरस्कार-वितरण समारोह में भाग लेने जा रहे थे। चलिए देखते हैं, उन्होंने इस विषय पर क्या कहा -

17.1. क्रिकेट

सबसे पहले बारी आयी फटी जीन्स पहने, काला चश्मा लगाये, कानों में हैडफोन लटकाए, एक नवयुवक की, जो बड़ी देर से बैठा कमेंटरी सुन रहा था। उसे क्रिकेट को छोड़कर आस-पास के घटना-क्रम में मानो कोई

दिलचस्पी ही नहीं थी। परन्तु मैच में टी-ब्रेक हो जाने के कारण फुर्सत पाकर बोला, जीवन एक क्रिकेट मैच की तरह है, जिसमें कभी तो बड़े-बड़े नामी खिलाड़ी (आमतौर पर सफल व अपने कार्य में निपुण लोग) जीरो पर आउट (अपनी योग्यता के हिसाब से बहुत छोटे कार्य में भी आश्चर्यजनक रूप से विफल) हो जाते हैं, वहीं दूसरी ओर पुँछल्ले खिलाड़ियों (औसत प्रतिभा वाले सामान्य लोग, जिनसे किसी बड़े परिणाम की आशा नहीं होती) को दोहरा शतक जमाकर भी क्रीज पर डटे (आशातीत सफलता पाकर उज्जवल भविष्य की ओर बढ़ते) देखा गया है।

इसीलिए तो कहते हैं कि जीवन क्रिकेट की तरह संयोग का खेल है, जहाँ कर्म के साथ भाग्य भी महत्वपूर्ण भूमिका निभाता है!

17.2. फुटबाल

फुटबाल खिलाड़ी की राय में जीवन एक फुटबाल मैच की तरह है, जिसमें सभी खिलाड़ी अपना गोल (उद्देश्य) विरोधी पक्ष पर विजय प्राप्त करना मान बैठते हैं। इस मानसिकता के चलते, उनमें से कुछ अपनी मेहनत पर भरोसा न कर गलत आचरण द्वारा जीत हासिल करने का प्रयास करने लगते हैं, जिसके लिए उन्हें रेफरी (ईश्वर) द्वारा सजा दी जाती है। कुछ खिलाड़ी तो इन हथकंडों में इतने मग्न हो जाते हैं कि विपक्षी के स्थान पर अपने गोल में ही गेंद फेंककर सेल्फ-गोल कर बैठते हैं (दूसरों के लिए गड्ढा खोदने का प्रयास करते स्वयं ही उसमें गिर जाते हैं)।

परन्तु यदि खेल को हार-जीत के लिए नहीं बल्कि वृहद् खेल भावना से खेला जाए, तो न तो इसमें हारने वाले को शर्म का अनुभव होगा और न ही जीतने वाले को गर्व का! फिर कोई भी इसमें दुराचरण करने का प्रयास नहीं करेगा (यदि सब लोग अपने-अपने कार्यों को बिना किसी के प्रति दुर्भाव मन में लाये निष्काम भाव से करें, तो सभी इससे लाभान्वित होंगे)।

17.3. एथलीट

अपनी बारी आने पर वहां बैठा एथलीट बोला, जीवन एक रेस की तरह है, जिसमें हर व्यक्ति दौड़ रहा है, लक्ष्य तक दूसरों से पहले पहुँचने के लिए! परन्तु जहां कुछ खिलाड़ी स्वयं तेज दौड़कर प्रतिस्पर्धा जीतने का प्रयास करने के स्थान पर दूसरे को धक्का देकर आगे बढ़ने का प्रयास करते हैं, वहीं

कुछ ऐसे भी होते हैं, जो अपने से योग्य प्रतियोगी को अकारण हार जाते देखकर, उसे आगे आने का अवसर देने के लिए स्वयं साइड में रुक जाते हैं (जैसा 2021 टोक्यो ओलम्पिक में हुआ)। ऐसे प्रतियोगी द्वितीय स्थान पर रहकर भी न केवल पूरी दुनिया का दिल जीत लेते हैं, बल्कि प्रथम स्थान से भी ऊपर होने का सम्मान पा जाते हैं।

17.4. शतरंज

तभी वहां बैठा शतरंज का खिलाड़ी बोल उठा कि जीवन एक चैस-बोर्ड की भांति है, जिसमें मोहरों की तरह प्रत्येक जीव की शक्तियां और सीमायें निर्धारित होती हैं और सबको अपने दायरे में रहकर ही चलना होता है। फिर भी कुछ लोग अपनी शक्ति के घमंड में चूर होकर स्वयं को सर्वशक्तिमान समझने की भूल कर बैठते हैं। उन्हें पता ही नहीं होता कि वे तो मात्र मोहरे हैं, चालें चलने वाला तो कोई और ही है, जिसके एक इशारे पर इंसान जीती बाजी हार सकता है और हारी बाजी को जीत में परिवर्तित होते भी देख सकता है।

साथ ही धैर्य-पूर्वक चुपचाप अपने कर्तव्य-पालन करने में लगे व्यक्ति के लिए यहाँ उसी प्रकार की विशेष व्यवस्था होती है, जैसे शतरंज का प्यादा, यदि सीधे चलते हुए विपक्षी के पाले में पहुँच जाए, तो वही शक्तियां पा जाता है, जो उस घर में मूलरूप से रहने वाले मोहरे को मिली होती हैं।

17.5. नन्हे खिलाड़ी

इसके बाद बैठे थे कुछ स्कूली बच्चे, जो समय काटने के लिए सांप-सीढ़ी खेल रहे थे। अपनी बारी आने पर उनमें से एक बोला, जीवन 'खेल है सांप-सीढ़ी का', जिसमें आप सोच भी नहीं सकते कि राह में कहाँ कोई भयानक सांप छिपा बैठा हो, इस ताक में कि मौका मिलते ही जकड़ ले आपको अपने पाश में और ले जाकर फेंक दे उसी गहरी खाई में, जहाँ से कदम दर कदम चढ़कर बड़ी मुश्किल से आप ऊपर आ पाए थे (जीवन में अचानक आ जाने वाली भयंकर मुसीबतें, जो आपकी अब तक की सारी मेहनत पर एक झटके में पानी फेर सकती हैं)।

इसी तरह आपको यह भी मालूम नहीं होता कि कब, कहाँ और कौन -सी सीढ़ी (सफलता पाने के लिए उपलब्ध सामान्य संसाधन), आपको

इतनी ऊँचाईयों पर ले जा सकती है (अप्रत्याशित रूप से इतनी बड़ी सफलता हाथ लग सकती है), जिसकी आप कल्पना भी नहीं कर सकते।

इसलिए छिपे साँपों से सावधान रहिये और सफलता के लिए उपयुक्त सीढ़ी तलाशिये!

18. सिने-रसिक की नजर में

पुरानी फिल्मों के रसिया एक सज्जन, जो बड़ी देर से कोई गीत गुनगुना रहे थे, अपनी बारी आने पर सुरीले गीतों के माध्यम से जीवन का फलसफा समझाने लगे।

उनका गाया पहला गीत, "जिंदगी का सफर, है ये कैसा सफर, कोई समझा नहीं, कोई जाना नहीं", फिर जीवन की उलझी गुत्थियों को सुलझाने का प्रयास करता दूसरा गीत, "जिंदगी कैसी है पहेली हाये, कभी ये हंसाये, कभी ये रुलाये", अनुत्तरित प्रश्नों की भूल-भुलैय्या में भटके इंसान के दिल से निकले भावों को समेटे, "तूने खूब रचा भगवान! खिलौना माटी का, इसे कोई ना सका पहचान, खिलौना माटी का" फिर किसी निष्कर्ष पर न पहुँच पाने की हताशा से विचलित होकर गाया गीत "दुनिया बनाने वाले क्या तेरे मन में समायी, तूने काहे को दुनिया बनायी" और अंत में जाने-अनजाने अपने से हुए पापकर्मों की अनुभूति से उत्पन्न संकोच व पश्चात्ताप की भावना से परिपूर्ण गीत "लागा चुनरी में दाग, छुपाऊँ कैसे, घर जाऊं कैसे... ...जाके बाबुल से नजरें मिलाऊँ कैसे", सुनकर सब मंत्रमुग्ध हो उठे।

इसके बाद उन्होंने 'आनंद' फिल्म के कुछ मार्मिक संवाद सुनाये, जिनमें दर्द भरे माहौल को अपनी जिन्दादिली से खुशनुमा बनाने की कोशिश में दिल को छू लेने वाले अंदाज में नायक कहता है, "बाबू मोशाय! हम सब तो रंगमंच की कठपुतलियां हैं, जिनकी डोर ऊपर वाले की उँगलियों में बंधी है। कब, कौन, कैसे उठेगा, यह कोई नहीं बता सकता!" तथा "जिंदगी और मौत ऊपर वाले के हाथ हैं जहाँपनाह! उसे ना आप बदल सकते हैं, और ना मैं"।

19. दार्शनिक की नजर में

अब बारी थी मोटा चश्मा लगाये, गंभीर मुद्रा में बैठे, अपने ख्यालों में खोये, फ्रेंचकट दाढ़ी वाले एक सज्जन की, जो किसी कॉलेज में दर्शन-शास्त्र के प्रोफेसर थे। बोले, जीवन एक 'अनबूझ पहेली' है, जिसे सुलझाने का

प्रयत्न मानव आदि-काल से करता आया है, परन्तु न तो कोई आज तक इसे हल कर पाया है और न ही आगे इसकी कोई सम्भावना नजर आती है। कारण यह है कि जीवित रहते हुए मनुष्य जीवन के उस पार देख नहीं सकता और मृत्यु के बाद अपने अनुभव किसी को बता नहीं सकता। अतः जीवन के आविर्भाव, उसके उद्देश्य व अंतिम परिणति के बारे में जो कुछ भी हम सोचते, पढ़ते या सुनते हैं, वह हमारा अनुमान या धारणा तो हो सकती है, किन्तु निर्विवाद सत्य नहीं।

आपने अक्सर महसूस किया होगा कि हमारे जीवन में ऐसी अनेक घटनाएं घटित होती हैं, जिनके पीछे क्या कारण रहे होंगे व उनका क्या परिणाम होने वाला है, कोई नहीं जानता। कभी बिना कुछ किये बहुत कुछ मिल जाना तो कभी लाख जतन करके भी सफलता हाथ न लगना, कभी किसी अजनबी से यूँ अपनापा हो जाना मानो जन्मों का साथ हो, तो कभी अचानक किसी प्रियजन से सदा के लिए बिछड़ जाना, हमें हैरान-परेशान कर जाता है। आने-जाने, पाने-खोने, मिलने-बिछड़ने का यह सिलसिला जाने कब से अनवरत चल रहा है और कब तक चलता रहेगा, कोई नहीं जानता।

हम कहाँ से आते है, फिर कहाँ चले जाते हैं, ये सब-कुछ होता किसलिए और किसके कहने पर है, यह सृष्टि कब, क्यों और कैसे बनी तथा कौन इसे चला रहा है, कुल मिलाकर आखिर यह जीवन है क्या, ये कुछ ऐसे यक्ष प्रश्न हैं, जो अनंत काल से मानव मन को उद्वेलित करते आये हैं। परन्तु विडम्बना देखिये कि मानव, जिसने प्रकृति के अनेकानेक रहस्यों पर से सफलतापूर्वक पर्दा उठाया है, अपने अस्तित्व से जुड़े इन मूलभूत प्रश्नों का उत्तर खोजने में नितांत असफल ही रहा है।

इस सम्बन्ध में यदि हम आस्तिकों की बात मान लें कि जीवन ईश्वर की रचना है, तो यह नहीं जान पायेंगे कि ईश्वर स्वयं किसकी रचना है। दूसरी ओर, यदि नास्तिकों का कहा मानें कि ईश्वर जैसी किसी सत्ता का कोई अस्तित्व नहीं, तो प्रश्न उठता है कि बिना कर्ता के सृष्टि-निर्माण जैसा अद्भुद कार्य भला कैसे संभव हो सकता है! इस प्रकार दोनों ही स्थितियों में हम गोल-गोल घूमकर वापस वहीं पहुँच जायेंगे, जहां से चले थे, क्योंकि न तो मुर्गी के बिना अंडा होने को प्रमाणित किया जा सकता है, न ही अंडे के बिना मुर्गी को!

इतना कहकर वे चुप हो गए और फिर विचारमग्न हो गए।

20. और अंत में ज्ञानी

अंत में जिन सज्जन की बारी आयी, वे धीर-गंभीर, सुदर्शन व्यक्तित्व के स्वामी, चुपचाप बैठे सबकी बात सुन रहे थे (सुविधा के लिए हम इन्हें 'ज्ञानी' कह सकतें हैं)। बोले, आपने यहाँ इतने लोगों की बातें सुनी, सभी ने अपने-अपने चश्मे से जैसा देखा, उसी के अनुसार जीवन का अर्थ बताने का प्रयास किया। परन्तु क्या आपको कोई हल नजर आया 'जीवन' रूपी इस 'अनबूझ पहेली' का?

सब चुप रहे, तब कुछ देर रुककर वह स्वयं बोले कि जैसा अभी प्रोफेसर साहब ने विस्तार से बताया, यह पहेली न तो आज तक किसी से हल हुई है और न ही होगी। आप कितना भी प्रयास कर लें, इन गूढ़ प्रश्नों के संतोषजनक उत्तर कभी मिल नहीं सकेंगें। तब हमारे पास क्या विकल्प हैं, जिज्ञासु ने पूछा, क्या हम इस विषय पर सोचना ही छोड़ दें, या फिर अंतहीन मरुस्थल में दिशा-ज्ञान रहित चलते जाने की भांति, बिना किसी हल की आशा या संभावना के, इस बारे में सोच-सोचकर अपना समय व शक्ति दोनों बेकार करते रहें?

ज्ञानी ने उत्तर दिया कि इन दोनों ही विकल्पों से समाधान मिलना संभव नहीं है, क्योंकि मानव विवेकशील प्राणी होने के कारण स्वभावतः किसी भी अनसुलझे प्रश्न को अधूरा नहीं छोड़ सकता। वहीं दूसरी ओर तर्क द्वारा इन प्रश्नों का उत्तर मिलना संभव न होने के कारण सोचने का भी कोई लाभ नहीं है। अतः, जैसा विद्वानों का मत है, जब किसी तथ्य के विषय में निश्चित जानकारी पाना संभव ही न हो, तो उसके बारे में सभी संभावनाओं की कल्पना करके, किसी व्यवहारिक निष्कर्ष पर पहुंचने का प्रयास करना बेहतर है।

इस दृष्टि से विचार करें, तो यह मानना पड़ेगा कि इस अनंत ब्रह्माण्ड जैसी जटिल एवं विचित्र संरचना की संकल्पना, निर्माण एवं संचालन किसी ऐसी शक्ति द्वारा ही किया जाना संभव है, जो अद्वितीय होने के साथ-साथ अज्ञेय भी है। उस शक्ति को आस्तिक 'ईश्वर' और नास्तिक 'प्रकृति' कह सकते हैं। परन्तु प्रश्न उठता है कि उस शक्ति ने हमें बनाया ही क्यों तथा उस तक पहुंचा कैसे जाए, जिसके विषय में बड़े-बड़े विद्वान भी निश्चित रूप से कुछ नहीं

कह पाते और जब तक वह न मिल जाए, तब तक क्या करें? फिर आप ही हमारा मार्गदर्शन करें, जिज्ञासु तथा अन्य लोग एक साथ बोल उठे!

ज्ञानी बोले कि जैसा हमारे बहुत से पुरातन विद्वानों ने कहा है, जीवन एक यात्रा है, अंत से अनंत की ओर! परन्तु न तो हमारा वर्तमान जन्म इसका आरम्भ है, और न ही आसन्न मृत्यु इसका अंत! यदि एक क्षण के लिए हम उस 'परमशक्ति' की तुलना सागर से करें और जीवात्माओं की उसमें विद्यमान जल से, तो इस जीवन-चक्र को समझना कदाचित सरल हो जाएगा। जिस प्रकार वाष्पीकरण (Vapourisation) की प्रक्रिया से जल, भाप बनकर सागर से अलग होकर वर्षा के रूप में पर्वत पर गिरता है और फिर नदी का रूप लेकर निरंतर सागर की ओर ही गतिमान रहता है, उसी प्रकार जीवात्मा जब ईश्वर से अलग होकर इस दुनिया में आयी होगी, तभी से वापस ईश्वर की ओर जाने का उसका सफर भी शुरू हो गया होगा।

परन्तु ईश्वर से जीव का अलगाव कब और क्यों हुआ होगा, यह जानने का कोई उपाय हमारे पास नहीं है। अतः जटिल प्रश्नों के जाल में व्यर्थ न उलझ कर हम मात्र वह करें, जो हमारे वश में है और बस इतना जान लें कि जिस प्रकार पर्वत से सागर की ओर जाते समय जल कभी कहीं रुक जाता है तो कभी आगे बढ़ने लगता है, उसी प्रकार जीव बार-बार जन्म लेकर ईश्वर की ओर अग्रसर होने की एक पारी शुरू करता है, जो मृत्यु पर पहुँच कर समाप्त हो जाती है। जन्म लेकर लक्ष्य (मोक्ष) की ओर चलने तथा फिर पड़ाव पर विश्राम के लिए रुकने (मृत्यु के बाद) का यह क्रम तब तक चलता रहता है, जब तक हम अपनी मंजिल पर पहुँच नहीं जाते।

अब चूँकि हमने मान लिया कि जीवन एक अज्ञात शक्ति द्वारा नियंत्रित होता है, तो यह भी मानना पड़ेगा कि इससे जुड़े गूढ़ प्रश्नों के उत्तर भी उसी के पास होंगें। अतः इन्हें जानने के लिए हमें उससे साक्षात्कार करना होगा। देखा जाये, तो मानव जीवन का ध्येय ही उस परमशक्ति से साक्षात्कार कर जीवन का अर्थ जानना है।

परन्तु जहां तक ईश्वर से साक्षात्कार का प्रश्न है, तो हमारी राय में यहाँ-वहाँ ढूँढने से वह नहीं मिलेगा, अपितु इसके लिए हमें अपने प्रयास की दिशा बदलनी होगी। जैसाकि उपनिषदीय ज्ञान संजोये एक मधुर भजन की पंक्ति है 'किससे बांधूं वैर जगत में कोई नहीं पराया, सब जीवों में प्रतिबिंबित

है, उसी ब्रह्म की छाया', सम्पूर्ण प्राणी जगत को ईश्वर का प्रतिरूप जानकर सबके दुःख दूर करना अपना लक्ष्य बना लें, अपने सुख में सबको भागीदार बना लें और सब-कुछ भूलकर उस ईश्वर में ही अपना ध्यान लगा लें। फिर जीवन का अर्थ चाहे जो भी हो, हमें कोई फर्क नहीं पड़ने वाला! हम क्या साथ लाये थे, जो खो देंगे? कम से कम यह संतोष तो रहेगा कि मानव जीवन मिला था, तो दूसरों के लिए जीकर सार्थक किया, पशुओं की तरह स्वभाव से विवश होकर लीक पर तो नहीं चले और अपने दाने-पानी की चिंता में ही तो उम्र नहीं बिताई!

इस प्रकार निश्छल मन और परमार्थ भाव से हम कर्म करते रहेंगें, तो एक न एक दिन ईश्वर से मिलना अवश्य होगा और तब जीवन से जुड़े सभी गूढ़ प्रश्नों के उत्तर भी मिल जायेंगे।

दूसरी ओर, यदि हम एक पल को मान लें कि हमें आगे जाकर पता चले कि ईश्वर जैसी किसी शक्ति का कोई अस्तिव है ही नहीं, तब भी हमारा क्या नुक्सान हो जाएगा? सत्य तो अपने आप में ही ईश्वर का रूप है, जिससे नास्तिक भी इनकार नहीं करते। अतः सबके कल्याण की भावना से किये गए सद्कार्य, किसी भी स्थिति में सबके साथ-साथ हमारे अपने हित में भी होंगे ही! इसलिए सत्कर्म की राह पर चलकर हमारे तो दोनों ही हाथों में लड्डू होंगे।

इतना कहकर ज्ञानी चुप हो गए, उपस्थित जन वाह-वाह कर उठे। उन्होंने अपनी बातों से सबकी शंकाएँ दूर कर उन्हें ज्ञान के प्रकाश से नहला दिया था, जिसके लिए सभी ने उन्हें कोटि-कोटि धन्यवाद दिया।

यद्यपि इस रोचक वार्तालाप को समाप्त करने का किसी का भी मन नहीं था, परन्तु तभी पास के गाँव से कुछ लोग यात्रियों के लिए गरमा-गरम पूड़ी और सब्जी लेकर आ गए तथा आग्रह कर यात्रियों को खिलाने लगे। ग्रामवासियों का निश्छल प्रेम देखकर यात्री भावुक हो गए और उनके प्रति हार्दिक आभार प्रकट कर भोजन करने के लिए बैठ गए।

3.
कर्म, फल और भाग्य

भोजन के पश्चात कुछ देर विश्राम कर, सब लोग फिर से वहीं इकट्ठा हो गए और बातचीत पुनः आरम्भ हो गयी। तभी जीवन के सम्बन्ध में ज्ञानी द्वारा की गयी व्याख्या से प्रभावित होकर कई लोग बोल उठे कि यह हमारे किसी बड़े पुण्य-कर्म का फल प्रतीत होता है, जो आज संयोगवश हमें ज्ञानी महोदय का सानिध्य प्राप्त हुआ और इस गूढ़ विषय पर उनके अमूल्य विचार जानने का अवसर मिला। बस फिर क्या था, बात चल निकली कर्म, फल और भाग्य पर!

उपस्थित लोगों में से एक ने कहा कि दुनिया में कर्म ही प्रधान है, मनुष्य जीवन में जो कुछ भी पाता है, वह कर्म से ही संभव है। बिना कर्म किये मुक्ति पाना तो दूर, कोई जीवित भी नहीं रह सकता।

दूसरे ने प्रतिवाद किया कि जो कुछ भी होता है, वह सब नियति द्वारा पूर्व-नियोजित है और मनुष्य इसे बदल नहीं सकता। यदि ऐसा नहीं होता तो कोई मनुष्य कर्म करके भी खाली हाथ क्यों रहता और कोई बिना कुछ किये ही सब-कुछ कैसे पा लेता?

तीसरे ने कहा कि यह दोनों ही बातें हमेशा सही नहीं होती। यदि कर्म सर्वोपरि होता तो मनुष्य अपने किये अनुसार साथ-साथ उसका फल पाता चलता और अपने प्रयत्नों से मृत्यु पर भी विजय पा लेता, जबकि व्यवहार में ऐसा नहीं होता। दूसरी ओर यदि सब-कुछ भाग्य के अनुसार ही होता है, तो अपराध करने पर किसी को दंड क्यों दिया जाता है, उसे कर्ता के प्रारब्ध से प्रेरित और पीड़ित के भाग्य का लेखा मानकर स्वीकार क्यों नहीं कर लिया जाता?

चौथे ने कहा कि कर्मों का त्याग कर के ही मोक्ष प्राप्त किया जा सकता है तो पांचवा बोला कि मोक्ष-मार्ग पर चलना भी तो एक कर्म ही है, अतः कर्मों का त्याग कर मोक्ष कैसे पाया जा सकता है?

1. जिज्ञासु के प्रश्न

सभी तर्क अपने-अपने दृष्टिकोण से सही प्रतीत हो रहे थे। अतः वार्तालाप को किसी निष्कर्ष पर न पहुँचता देख जिज्ञासु ने आदरपूर्वक ज्ञानी से कहा, महोदय! जीवन-दर्शन के सम्बन्ध में हमारे मन में जो ये शंकाएँ उत्पन्न हुई हैं, इनको कुछ प्रश्नों के रूप में, मैं आपके सम्मुख प्रस्तुत करने की अनुमति चाहता हूँ, ताकि हम आपसे उनका समाधान पा सकें। ज्ञानी ने विनम्रतापूर्वक उत्तर दिया कि वैसे तो मैं भी आपकी ही भांति एक साधारण मनुष्य हूँ, फिर भी यदि मुझे आपके प्रश्नों का उत्तर ज्ञात होगा तो अवश्य बताऊंगा, आप निःसंकोच पूछिए। तब 'जिज्ञासु ने तीन प्रश्न पूछे-

1) हमारे जीवन में 'कर्म' तथा 'भाग्य' की क्या भूमिका है?

2) एक कहावत है कि "समय से पहले और भाग्य से अधिक किसी को कुछ नहीं मिलता"। यदि यह सत्य है, तो हमें कुछ करने की क्या आवश्यकता है, जब समय आने पर सब-कुछ स्वयं ही हो जाएगा?

3) यदि अच्छे कर्म का फल अच्छा और बुरे कर्म का फल बुरा है, तो आज दुराचारी क्यों फल-फूल रहें है और सदाचारी क्यों दुःख पा रहे हैं?

2. ज्ञानी के उत्तर

यह सुनते ही सब एक स्वर में बोले कि जिज्ञासु ने हमारे मन की अनेक शंकाओं को तीन प्रश्नों में समेट कर आपके सम्मुख रख दिया है, यदि आप इनका उत्तर देने की कृपा करें तो हम आपके आभारी होंगे। ज्ञानी मुस्कराए और बोले, जब ऐसे प्रश्न मनुष्य के मन में आने लगें, तो समझ लीजिये कि उसने आत्म-कल्याण की ओर पहला कदम बढ़ा दिया है। चलिए, अब एक-एक कर आपके प्रश्नों का उत्तर देते हैं-

3.1. पहला प्रश्न - 'कर्म' तथा 'भाग्य'

पहला प्रश्न है, 'कर्म' तथा 'भाग्य' की हमारे जीवन में भूमिका के विषय में। तो पहले यह जान लें कि ये दोनों हैं क्या! 'कर्म' वह कार्य है जो हमारे द्वारा, किसी उद्देश्य की पूर्ति हेतु, अपनी इन्द्रियों के माध्यम से, विवेकानुसार व स्वेच्छापूर्वक संपन्न किया जाए। तदनुसार, मनुष्य के अतिरिक्त किसी अन्य प्राणी के द्वारा किये गए कार्य 'कर्म' की श्रेणी में नहीं आते,

क्योंकि वे जो कुछ भी करते हैं, अपने स्वभाव के वशीभूत होकर करते हैं। इसी कारण शेर को जानवर का शिकार करने पर पाप नहीं लगता और गाय को दूध देने के लिए पुण्य नहीं मिलता। अतः संपूर्ण जगत में, मनुष्य को छोड़कर और कोई भी प्राणी, न तो कर्म करने का अधिकारी है और न ही उसके फल के लिए उत्तरदायी!

अब रहा 'भाग्य', तो इसके लिए भौतिक-विज्ञान के एक नियम का उल्लेख करना प्रासंगिक होगा, जो कहता है "For every Action, there is a Reaction and behind every Reaction, there is an Action" अर्थात प्रत्येक क्रिया (कर्म) की प्रतिक्रिया (फल) होती है और प्रत्येक प्रतिक्रिया के पीछे कोई क्रिया होती है। इस बात को तर्क से आगे बढ़ाएं तो जो भी कर्म हम कर चुके हैं, उनका फल मिलना निश्चित है तथा जो फल हमें मिल रहा है, उसके पीछे अवश्य हमारा कोई न कोई कर्म ही उत्तरदायी हुआ। तदनुसार हमारे द्वारा पूर्व में किये गए कर्मों के फल ही आज भाग्य के रूप में हमारे सामने खड़े हैं। चूँकि बीता हुआ कल किसी के हाथ में नहीं होता, अतः हमारा आज का भाग्य भी हमारे हाथ में नहीं। परन्तु आज का कर्म क्योंकि हमारे हाथ में है, अतः आने वाले कल का भाग्य हमारे ही हाथ में है।

इस प्रकार कर्म तथा भाग्य एक ही सिक्के के दो पहलू हैं। दूसरे शब्दों में, यदि कर्म को हम जल मान लें, तो भाग्य बर्फ है, जो जल का ही ठोस रूप है। इस बर्फ को यदि सत्कर्म की अग्नि में गर्म कर लिया जाए तो सभी दुष्कर्म भाप बनकर उड़ जायेंगे, अर्थात कर्म से भाग्य को भी किसी हद तक बदला जा सकता है। अतः इस जग में अपनी अच्छी-बुरी स्थिति के लिए पूर्ण-रूप से हम स्वयं ही उत्तरदायी हैं, दूसरा कोई नहीं। गोस्वामी तुलसीदास जी ने रामचरितमानस में लिखा भी है -

"कर्म प्रधान बिस्व करि राखा। जो जस करई, सो तस फलु चाखा"।।

अर्थात संसार का विधान इस प्रकार बनाया गया है कि यहाँ जो जैसा कर्म करेगा, उसको वैसा ही फल भी भोगना पड़ेगा।

3.1.1. कर्म की गति से कोई नहीं बचता

कर्म और फल का ये सिद्धांत इतना प्रामाणिक है कि बड़े-बड़े तपस्वी, ऋषि, मुनि, यहाँ तक कि स्वयं विधाता भी अपने बनाये इन नियमों से बंधे

होते हैं और अपने कर्म का फल जीव को कभी न कभी, चाहे आज या सैंकड़ों जन्मों के बाद, मिलकर ही रहता है।

महाभारत में प्रसंग आता है कि जब भीष्म पितामह युद्धभूमि में शरशैय्या पर लेटे हुए थे, तो श्रीकृष्ण उनसे मिलने वहां पहुंचे। तब पितामह ने उनसे पूछा कि मेरे किस कर्म के फलस्वरूप आज मैं इस स्थिति में पड़ा हूँ, जबकि मैं अपने 100 पूर्वजन्मों में झाँककर देख चुका हूँ, उनमें ऐसा कोई पाप कर्म मुझे नहीं मिला? इस पर श्रीकृष्ण ने उन्हें बताया कि अब से 101 जन्म पहले भी वे एक युवराज थे और एक बार शिकार खेलने जंगल में जा रहे थे। तभी अचानक एक कीड़ा उनके घोड़े पर आ गिरा, जिसे उन्होंने बाण से उठाकर दूर फेंक दिया। कीड़ा बेरी के पेड़ पर जाकर गिरा जिसके कांटे उसकी पीठ में धंस गए। वह जितना उनसे निकलने का प्रयास करता, कांटे उतने ही गहरे उसकी पीठ में धंसते जाते। इस स्थिति में वह 18 दिन जीवित रहा और यही कहता रहा कि जिस प्रकार आज मैं तड़प-तड़प कर मर रहा हूँ, उसी प्रकार ये युवराज भी अपने प्राण दें।

परन्तु भीष्म पितामह के पुण्य-कर्म इतने अधिक थे कि उनके प्रताप से पिछले 100 जन्मों तक उन्हें उस कर्म का फल नहीं मिल सका। अब इस जन्म में जैसे ही भरी सभा में द्रौपदी के ऊपर हुए अत्याचार को, सक्षम होते हुए भी उन्होंने रोकने का प्रयास नहीं किया, उनके पुण्य क्षीण हो गए और उस कीड़े का शाप तुरंत उनके ऊपर लागू हो गया।

3.1.2. पिछले कर्म अर्थात आज के भाग्य का वर्तमान कर्मों पर प्रभाव

यह सुनकर जिज्ञासु ने पूछा कि यदि हमारे कल के कर्म आज का भाग्य है तो हमें आज कर्म करने की स्वतंत्रता कैसे मानी जाए, क्योंकि वे तो पिछले कर्मों (अर्थात आज के भाग्य) से प्रभावित होंगे ही और इस प्रकार हमारे आने वाले कल के भाग्य पर भी प्रभाव डालेंगें? ज्ञानी बोले, यद्यपि यह आशंका उचित है, परन्तु फिर भी मनुष्य चाहे तो पिछले बुरे कर्मों के आज पर पड़ने वाले विपरीत प्रभाव के बावजूद अपने आने वाले कल को सुधार सकता है।

वस्तुतः जन्म के साथ जो परिस्थितियां हमें मिलती हैं, उन पर हमारा कोई वश नहीं होता, जबकि हमारे भावी जीवन की रूपरेखा बनाने में इनका बहुत बड़ा योगदान होता है। उदाहरण के लिए, एक दिन व एक ही समय पर दो बालक जन्म लेते हैं, एक किसी धनवान के घर तो दूसरा उसी के यहाँ काम करने वाले सेवक के घर! अब यदि जीव रूप में इनकी स्थिति देखी जाए तो दोनों बराबर हैं, ना कोई बड़ा है, न कोई छोटा, क्योंकि दोनों एक ही ईश्वर के अंश हैं। परन्तु पूर्व जन्मों के संचित कर्मों के फलस्वरूप वर्तमान में इनकी सांसारिक स्थिति में जमीन-आसमान का अन्तर आ गया है। जहां पहला बालक जन्म लेते ही 'स्वामी' की पदवी पा गया, वहीं दूसरा सेवक का पुत्र होने के कारण अभावग्रस्त बचपन बिताने को विवश हो जाएगा। अपनी इस पृष्ठभूमि का पहले बालक को लाभ और दूसरे के लिए कठिनाइयां लम्बे समय तक सामने आती रहेंगीं।

फिर भी आगे के लिए दोनों के ही पास अवसर हैं, जिनमें अंतर केवल प्रयत्न की तीव्रता का होगा। धनी के पुत्र को जो वस्तु कम परिश्रम से सरलता-पूर्वक उपलब्ध हो जायेगी, सेवक के पुत्र को उसी के लिए बहुत अधिक प्रयत्न करना होगा, जो उसके पूर्व-जन्म के संचित कर्मों का मोल है और ऐसा तब तक जारी रहेगा जब तक उसके दुष्कर्म क्षीण नहीं हो जाते।

परन्तु, उसकी भावना यदि निष्कपट होगी, तो उसके द्वारा समर्पित भाव से, अल्प साधनों द्वारा किया गया कार्य भी महत्व पा जाएगा। उदाहरण के लिए, धनी का पुत्र किसी विपदाग्रस्त व्यक्ति द्वारा सहायता के लिए याचना करने पर, अपनी अकूत संपत्ति से उसे एक लाख रुपये दे देता है, तो निस्संदेह वह बड़े पुण्य का भागी होगा। परन्तु दूसरी ओर सेवक का पुत्र, जिसने मात्र पांच सौ रूपए किसी तरह अपने लिए नए वस्त्र खरीदने के लिए बचाए थे, यह जानते हुए भी कि फिर वह नए वस्त्र नहीं ले पायेगा, द्रवित होकर उस व्यक्ति को सारे रुपये दे देता है, तो उसे भी उतना ही पुण्य प्राप्त होगा, क्योंकि उसने तो अपना पूरा धन ही दान में दे दिया है। इस प्रकार अभावग्रस्त होते हुए भी यदि वह सद्भावना-पूर्वक जीवन व्यतीत करता रहा तो वह भी एक दिन अपने संचित पापकर्मों से मुक्ति पाकर सुख पाने का अधिकारी बन जाएगा।

3.2. दूसरा प्रश्न- नियत समय पर भाग्यानुसार फल की प्राप्ति

दूसरा प्रश्न, ज़ो समय आने पर भाग्यानुसार फल मिलने से सम्बंधित है, पहले से ही जुड़ा है। इसको एक उदाहरण से समझें। मान लीजिये, आप खेती करते हैं। आपने एक बोरी गेहूं का बीज बोया, जिसकी फसल चार महीने बाद आती है तथा एक बोरी बीज से लगभग बीस बोरी गेहूं पैदा होता है। तो आपके भाग्य में चार माह बाद बीस बोरी गेहूं मिलना लिखा गया।

परन्तु यदि आपने बुवाई के सामान्य समय से एक माह बाद गेहूं बोया था, तो उन लोगों की अपेक्षा एक माह बाद ही फसल मिलेगी, जिन्होंने समय से बुवाई की थी। अब रही मात्रा की बात, तो जिस व्यक्ति ने दो बोरी बीज बोया था, उसके मुकाबले आपको आधी फसल ही तो मिलेगी। अतः समय से पहले (कर्म और फल के बीच का सामान्य अंतराल) तथा भाग्य (किये गए कर्म के सापेक्ष मिलने वाला फल) से अधिक कुछ नहीं मिलता, यह ध्रुव सत्य है।

आप पूछ सकते हैं कि सभी बातें समान होने पर भी किसी को बीस बोरी के स्थान पर तीस बोरी तो किसी को दस बोरी ही क्यों मिलता है, तो इसका उत्तर है कि एक परिणाम के पीछे इतने कारक जुड़े हुए होते हैं कि उसका विश्लेषण करना इतना सरल नहीं है। परन्तु यह एक सर्वमान्य नियम है और यदि इसकी गहराई में जायेंगे तो हमेशा सत्य ही पाएंगे।

3.3. तीसरा प्रश्न- अच्छे व बुरे कर्मों का विरोधाभासी परिणाम

अब आता है तीसरा प्रश्न, जो कर्म-फल के उक्त सिद्धांत की अवधारणा के विपरीत, वास्तविक जीवन में अच्छे व बुरे कर्मों के विरोधाभासी परिणाम दृष्टिगोचर होने से सम्बंधित है। इसका उत्तर देने के लिए एक पौराणिक वृतांत सुनाना प्रासंगिक होगा, जिसमें संभवतया आपके प्रश्न का उत्तर निहित है।

प्राचीन-काल में एक ऋषि थे, जिनके आश्रम में रहकर बहुत से विद्यार्थी शिक्षा प्राप्त किया करते थे। इन्ही में से जिन दो विद्यार्थियों पर यह वृतांत आधारित है, उन्हें सुविधा के लिए हम सुयोधन और दुर्योधन कह सकते

हैं। इनमें सुयोधन तो था अत्यंत सज्जन, सबका दुःख-दर्द बांटने वाला और गुरु का आज्ञाकारी, जबकि दुर्योधन इसके ठीक विपरीत सबको सताने वाला तथा एक नम्बर का मक्कार! परन्तु जहाँ सुयोधन के जीवन में कांटे ही कांटे थे, वहीं दुर्योधन कुछ भी करे, उसे हर काम में लाभ ही होता। यह देखकर दुर्योधन अक्सर सुयोधन का मजाक बनाता कि तुम सत्य के मार्ग पर चलने के कारण ही इतना दुःख पाते हो, जबकि मैं व्यवहारिक होने के कारण सदा फायदे में रहता हूँ। इस पर सुयोधन मुस्करा देता, पर कहता कुछ नहीं था। ऋषि भी त्रिकालदर्शी होने के कारण जानते तो थे कि कौन क्या है, पर फिर भी चुप रहते थे।

एक दिन दोनों साथ-साथ जंगल में लकड़ी लेने गए। सुयोधन थोड़ा आगे चल रहा था और दुर्योधन पीछे। तभी संयोगवश दोनों एक साथ ठोकर खाकर गिर पड़े। सुयोधन मुश्किल से उठ पाया और देखा सामने एक बड़ा-सा पत्थर पड़ा था, जिसे उसने उठा लिया और किसी अन्य को चोट न लग जाए, यह सोचकर किनारे पर रखने लगा। परन्तु पत्थर अचानक हाथ से छूटकर उसके पैर पर गिर पड़ा जिससे उसका घाव और गहरा हो गया।

उधर दुर्योधन आसानी से उठ गया और देखने लगा कि उसे ठोकर किस चीज से लगी। देखा तो दूरी-सूचक चिन्ह (Mile Stone) था, जिससे वह असावधानी-वश टकरा गया था। फिर भी वह क्रोध से भर गया और उसको चोट पहुंचाने वाले उस चिन्ह को उखाड़ने लगा। परन्तु यह क्या, उखाड़ते ही उसके नीचे से निकली एक पेटी, जिसमें भरा था कीमती खजाना, जो दुर्योधन ने ले लिया! अब तो दुर्योधन को मौका मिल गया, बोला देखा! तुमने दूसरों की चिंता कर पत्थर हटाना चाहा तो घाव खा बैठे और मैंने सही जगह लगे पत्थर को भी उखाड़ फेंका, तो मुझे खजाना मिल गया। अब तो मान लो कि मेरी कार्य-शैली ही सही है!

इस घटना से आज सुयोधन का विश्वास भी डगमगा गया और वो भारी कदमों से आश्रम में वापस आ गया, जबकि दुर्योधन के पाँव मानो जमीन पर नहीं पड़ रहे थे। उन दोनों का आचरण देखकर ऋषि समझ गए कि आज अवश्य कोई विशिष्ट घटना घटी है। पूछने पर सुयोधन ने सारा वृतांत कह सुनाया और पूछ ही लिया कि मैं धर्म के मार्ग पर चलकर भी क्यों कष्ट पा रहा हूँ और यह दुराचारी होकर भी सफल क्यों है? ऋषि मुस्करा कर बोले चलो, तुम्हे एक वृतांत सुनाता हूँ, ध्यान से सुनो!

बोले, बहुत वर्ष पहले किसी जगह यशोवर्धन नामक एक राजा राज्य करता था, जो बड़ा धर्मात्मा था। वह अपने खजाने का अधिकांश भाग प्रजा की भलाई में खर्च कर देता था, इसलिए उसके पास अधिक धन नहीं बचता था। एक दिन ऐश्वर्यवर्धन नामक उसके एक मित्र राजा ने उसे अपने यहाँ आने का निमंत्रण दिया। वहां जाने पर उसके ठाठ-बाट देखकर यशोवर्धन की आँखें चौंधियां गयी। तब ऐश्वर्यवर्धन ने उसे बताया कि मैं अपनी प्रजा से डटकर कर वसूल करता हूँ और सारा पैसा अपने खजाने में जमा कर लेता हूँ। वैसे तो प्रजा में इतना साहस नहीं कि मेरे विरुद्ध मुंह खोल सकें, फिर भी यदि कोई बोलने का प्रयास करता है, तो उसे मैं कठोर दंड देता हूँ। यह सुनकर यशोवर्धन का मन बदल गया और धीरे-धीरे वह भी ऐश्वर्यवर्धन जैसा ही अत्याचारी हो गया।

उधर, उसी राज्य में दुर्जेय नामक एक डाकू रहता था, जो रास्ता चलते लोगों से लूट-पाट किया करता था। एक दिन एक ऋषि को उधर से जाते हुए देखकर लूटने के इरादे से वह उनके पीछे दौड़ा कि ठोकर खाकर गिर गया और उसके पाँव से खून बहने लगा। ऋषि ने रूककर उसे उठाया और उसका घाव धोकर अपना वस्त्र फाड़कर उस पर बाँध दिया। यह देखकर दुर्जेय विस्मित हो गया और पूछने लगा कि आप अपनी जान बचाकर भागने के स्थान पर मेरा उपचार क्यों कर रहे हैं? ऋषि ने उत्तर दिया कि तुम अज्ञानी हो, दूसरों को पीड़ा पहुंचाना तुम्हारा स्वभाव है। मैं ज्ञानी हूँ और सबके कष्ट दूर करना मेरा स्वभाव है। सो जब तुम अज्ञानी होकर भी अपना स्वभाव नहीं छोड़ते तो मैं ज्ञानी होकर उसे कैसे छोड़ सकता हूँ? यह सुनकर दुर्जेय का हृदय परिवर्तित हो गया और वो ऋषि के चरणों में गिर पड़ा। ऋषि ने उसे अपने पापों का प्रायश्चित्त करने के लिए सत्कार्य करने का परामर्श दिया और वह उनका अनुसरण करने लगा।

कालांतर में, अपनी-अपनी आयु पूर्णकर राजा यशोवर्धन और डाकू दुर्जेय, दोनों की मृत्यु हो गयी और उन्होंने क्रमशः दुर्योधन तथा सुयोधन के रूप में जन्म लिया। दुर्योधन चूँकि पहले धर्मात्मा था, अतः उसके बहुत से पुण्य शेष थे, जो उसे हमेशा अच्छा फल दिलाया करते थे। आज जिस घड़ी उसको खजाना मिला था, वह समय उसके राज्याभिषेक के लिए नियत था।

परन्तु उसके बाद के दुष्कर्मों के फलस्वरूप उसके पुण्य क्षीण होते चले गए और आज यह धन मिलने के साथ ही उसके सभी पुण्य समाप्त हो गए हैं।

दूसरी ओर सुयोधन पहले डाकू था, अतः उसको अपने बहुत से पापों का दंड भोगना था, जो उसे हमेशा कष्ट ही दिलाया करते थे। यहाँ तक कि आज जिस घड़ी उसके पाँव में घाव हुआ, वह समय उसके मृत्युदंड के लिए निश्चित था। परन्तु बाद के सत्कर्मों से उसके पाप नष्ट होते चले गए और आज इस चोट के बाद उसके सभी पाप नष्ट हो गए हैं। इस प्रकार अब दोनों समान धरातल पर आ गए हैं, आगे जो जैसा करेगा, वैसा ही फल पायेगा। यह सुनते ही दोनों की आंखे खुल गयी, वे ऋषि के चरणों में गिर पड़े और उनके बताये मार्ग पर चलने लगे।

4. सिद्धांत का व्यवहारिक विवेचन

ज्ञानी आगे बोले कि इस कहानी से एक और बात भी समझ लेनी चाहिए कि यदि आज कोई व्यक्ति सदाचारी है तो उसे यह सोचकर निश्चिंत नहीं हो जाना चाहिए कि मैं तो पुण्यात्मा हूँ, मुझे पाप अपनी ओर आकर्षित नहीं कर सकते। बल्कि उसको भी हर पल सतर्क रहना चाहिए, ताकि कोई विकार उसे पथभ्रष्ट न कर सके। इसी प्रकार कोई व्यक्ति कितना भी बड़ा पापी क्यों न हो, यदि दृढ़ निश्चय कर ले तो उसे सन्मार्ग पर आने से कोई रोक नहीं सकता।

इस प्रकार कोई भी जीवात्मा न तो स्थायी रूप से पवित्र होती है और न पतित, बल्कि वह तो स्वभावतः अविकारी ही है। परन्तु जिस समय जीव के जैसे संचित-कर्म शेष होते हैं, उन्हीं से उसकी पहचान होती है। इसी कारण एक जीवात्मा जो कभी राजा के रूप में जन्म लेती है, कर्म खराब होने पर वही भिखारी के रूप में जन्म ले सकती है तथा कर्म अच्छे होने पर फिर देवत्व भी पा सकती है।

वस्तुतः जिस प्रकार एक स्थान से दूसरे स्थान पर आने और जाने के रास्ते एक ही होते हैं, उसी तरह पाप-जगत से जो रास्ते मुक्ति की ओर जाते हैं, वही मुक्ति-पथ से पाप की ओर वापिस भी आते हैं। अंतर बस इतना है कि जहां उत्थान की ओर चढ़ते समय रास्ते अत्यंत दुरूह व अरुचिकर प्रतीत होते है, वहीं पतन की ओर उतरते समय वे सुगम भी लगते हैं और आकर्षक

भी! अब यह हमारे ऊपर है कि हम स्वयं को आत्मोन्नति के शिखर पर ले जाने वाला कठिन परन्तु सत्य-मार्ग चुनते हैं या पतन के गर्त में ले जाने वाला सरल किन्तु विनाशकारी-मार्ग! इस प्रकार घातक विष-युक्त मधु से स्वयं को बचाकर स्वास्थ्यवर्धक कड़वे नीम का सेवन कैसे करना है, हमारे इसी कौशल की परीक्षा जीवन-यात्रा में पग-पग पर होनी हैं।

दूसरे, ईश्वर के अतिरिक्त कोई भी गति, चाहे वह देव-तुल्य उच्च गति हो, मानव-तुल्य मध्यम हो या पशु-तुल्य निम्न कोटि की हो, स्थायी नहीं है, उसका अंत एक न एक दिन होना ही है। अतः अपना प्राप्तव्य मात्र एक ईश्वर को बनाना ही संसार रुपी दलदल से सदा के लिए छुटकारा पाने का एकमात्र उपाय है।

साथ ही जीवन में कोई भी काम यह सोचकर न करें कि हमें कोई देख नहीं रहा और न ही यह सोचकर करने से रुकें कि कोई हमें देख रहा है। किसी के देखने या न देखने का प्रभाव मात्र तात्कालिक होता है, जबकि अटल सत्य यही है कि हम अपने कर्मों के फल से कभी बच नहीं सकते। कर्म अच्छे हों या बुरे, संस्कारों के रूप में जीवात्मा से लिपट जाते हैं, जिससे मुक्ति पाने के लिए बहुत पापड़ बेलने पड़ते हैं। अतः जहाँ तक हो सकें, पाप-कर्मों से तो दूर ही रहें और पुण्य-कर्म कर, उसके अहंकार से भी बचें।

इस पर जिज्ञासु ने पूछा कि क्या आत्म-कल्याण के लिए कर्मों से विमुख होना आवश्यक है? ज्ञानी बोले नहीं, इसके लिए न तो कर्म करना छोड़ गेरुए कपड़े पहन कर वन में जाने की आवश्यकता हैं, न ही किसी रिश्ते-नाते से विमुख होने की! हमें तो बस जल में स्थित कमल के फूल की भांति अनासक्त भाव से इसी दुनिया में रहकर अपने सभी सांसारिक कर्तव्यों का निर्वहन करते हुए परमार्थ के मार्ग पर बढ़ते जाना है और विश्वास रखें एक दिन हम स्वयं को ईश्वर के सानिध्य में पायेंगे।

4.
जैसा बोओगे, वैसा काटोगे

कर्म-फल और भाग्य के सम्बन्ध में ज्ञानी द्वारा की गयी विस्तृत विवेचना सुनकर जिज्ञासु ने कहा कि 'जैसी करनी, वैसी भरनी', 'जैसे कर्म करेगा, वैसे फल देगा भगवान', 'जैसा बोओगे, वैसा काटोगे', इत्यादि कहावतें हमने आप सरीखे विद्वानों से सुनी भी हैं और इन पर विश्वास भी करते हैं। फिर अभी आपने पौराणिक प्रसंगों का सन्दर्भ लेकर इस विषय की जो सुंदर व्याख्या की, उसके बाद किसी शंका का प्रश्न ही नहीं रह जाता। परन्तु फिर भी कुछ आधुनिक लोगों का कहना है कि रामायण-महाभारत काल की ये कहावतें आज फलीभूत नहीं होती। आज तो जो शक्तिशाली है, वह जो चाहे करता है और कोई उसका कुछ नहीं बिगाड़ सकता। ऐसी बातें बस असहाय-लाचार लोंगों के लिए अपने मन को समझाने का साधन मात्र हैं। अतः आपसे प्रार्थना है कि वर्तमान समय के सन्दर्भ में भी इस विचार की व्याख्या करने की कृपा करें।

सुनकर ज्ञानी बोले कि यद्यपि अल्प-काल में ऐसा अवश्य प्रतीत हो सकता है कि अच्छा कार्य करने वाले एक तरफ उपेक्षित बैठे रहते हैं और बुरा करने वालों का कुछ नहीं बिगड़ता, अतः हम बिना परिणाम की चिंता किये अपनी स्वार्थ सिद्धि के लिए कुछ भी करते रहें। परन्तु ऐसा मानना सही नहीं है क्योंकि यह निश्चित है कि देर-सवेर ही सही, अंततः अपने कर्मों का फल व्यक्ति को मिलकर ही रहता है। इसके लिए पौराणिक कथाओं से इतर कुछ प्रत्यक्ष उदाहरण दिए जा सकते हैं-

1. अपने माता-पिता से किया गया व्यवहार

बच्चे सामान्यतः अपने माता-पिता द्वारा दूसरो, विशेषकर अपने पितामहों, के साथ किये जा रहे उनके व्यवहार को आदर्श मानकर चलते हैं, जो उनके

अवचेतन मन में घर कर जाता है। बाद में जब वे बड़े हो जाते हैं तो अपने माता-पिता के साथ जाने-अनजाने वही व्यवहार करते हैं, जो उन्होंने उन्हें अपने माता-पिता के साथ करते देखा था। अतः जो लोग अपने माता-पिता का अनादर करते हैं, उन्हें भी बाद में अपनी संतान के हाथों अपमानित होना पड़ता है, जबकि उनकी अच्छी तरह से देखभाल करने वाले लोग वृद्धावस्था में अपनी संतान द्वारा भरपूर सुख पाते हैं।

2. आधिकारिक सीट पर बैठे व्यक्तियों का बर्ताव

यदि हम किसी आधिकारिक सीट पर बैठें हैं और वहां अपना कार्य कराने आने वालों को अकारण परेशान करते हैं या अनावश्यक रूप से उनका कार्य लंबित करते हैं, तो याद रखिये, हम एक ऐसी परंपरा को बढ़ावा दे रहे हैं जो न केवल हमारे किसी परिजन, अपितु सेवा-निवृत्ति के बाद स्वयं हमें भी उसी व्यवहार का स्वाद चखने को विवश कर देगी। उदाहरणार्थ भविष्य-निधि, पेंशन आदि से सम्बंधित कार्यालयों* से सेवा-निवृत्त बड़े-बड़े अधिकारी भी अपना भुगतान पाने के लिए उसी कार्यालय के चक्कर लगाते सुने गए हैं, जहाँ बैठकर उन्होंने बहुत से लोगों को दौड़ाया होगा। तब संभवतया उन्हें अपने सेवाकाल में दूसरों के साथ किये गए व्यवहार की याद आती हो और इस पर पश्चात्ताप भी होता हो!

अतः किसी आगंतुक के न्यायसंगत कार्य में कभी विलम्ब न करें। यदि ऐसा व्यक्ति किसी परेशानी में हो तो नियम के दायरे में रहकर उसकी भरपूर सहायता करें। विश्वास रखिये, कुदरत हमारा दिया हमें उसी रूप में अवश्य लौटाती है, चाहे जल्दी या फिर देर से! फिर कभी स्वयं किसी विपदा में फंस जाने पर अकस्मात सहायता के लिए बढ़े किसी अप्रत्याशित हाथ को देखकर याद कर लीजिएगा कि जब कभी हमने ऐसा किया था, तब उस व्यक्ति के दिल से कितनी दुआयें निकली होंगी। कौन जाने उसी का प्रतिफल हमें आज इस रूप में मिल रहा हो!

3. नकली या मिलावटी सामान बेचने का दंड

यदि हम अपने तात्कालिक फायदे के लिए खाद्य पदार्थों में मिलावट करते हैं या नकली दवायें आदि बाजार में उतारते हैं, तो यकीन जानिये, एक न एक दिन हमारा कोई प्रियजन जाने-अनजाने उसका सेवन अवश्य करेगा

और हो सकता है कि उसको हुए नुकसान की भरपाई करने का अवसर भी कुदरत हमें न दे। तब पछताने के सिवा कुछ नहीं हो पाएगा। अतः कोई भी ऐसा काम करने से पहले एक बार अवश्य सोच लें कि यदि यह वस्तु हमारे किसी अपने के लिए होती तो हम क्या करते!

4. शेर का अंत देखकर सबक लें

जंगल का राजा शेर अपनी युवावस्था में अन्य किसी भी जंतु का शिकार करने में सक्षम होता है। तब वह किसी पर रहम नहीं करता, यहाँ तक कि अपनी माँ का दूध पी रहे हिरन के नवजात छौने को भी बेदर्दी से मार डालता है। उस समय लक्कड़बग्घे व सियार आदि जानवर उसका बचा शिकार खाने के लालच में उसके आगे-पीछे घूमते रहते हैं और उसकी एक दहाड़ पर वहां से नौ दो ग्यारह हो जाते हैं। परन्तु वही शेर जब बूढ़ा हो जाता है और शिकार के साथ-साथ अपनी रक्षा करने में भी असमर्थ हो जाता है, तब उसके यही पिछलग्गू जानवर उसे तड़पा-तड़पा कर मार डालते हैं और शेर को अपने जीवन भर की बेरहमी का दंड, मानो अंत समय में एक साथ मिल जाता है!

यदि इस स्थिति की तुलना मानव समाज के परिपेक्ष्य में करें, तो अक्सर देखा गया है कि अति-शक्तिशाली व्यक्ति, चाहे वो राजनीतिज्ञ हो, अधिकारी हो या फिर बाहुबली पहलवान, यदि अपने अच्छे समय में निर्बल को सताता है, तो उसका दर्दनाक अंत भी उसके चापलूसों के ही हाथों होता है।

5. पराया लगने वाला रक्त तो अपना ही

श्वान-वर्ग के मांसाहारी जीवों (कुत्ते, भेड़िये, लकड़बग्घे, सियार आदि) के बारे में कहावत है कि वे मांस की आशा में सूखी हड्डी को चबाते हैं, जिससे उनके जबड़ों में घाव हो जाने से खून रिसने लगता है। परन्तु वे अज्ञानतावश उस रक्त को हड्डी से निकलता हुआ समझ कर चाव से चूसते रहते हैं और अनजाने में अपना घाव और गहरा करते जाते हैं।

ठीक इसी प्रकार, दूसरों का बुरा कर अपना भविष्य बनाने की चाह रखने वाले लोग, इस बात से बेखबर रहकर कि अपने इस कृत्य का फल उन्हें एक न एक दिन भोगना ही पड़ेगा, अपनी चालें चलते रहते हैं और

इसमें सफल होने पर खुद अपनी पीठ थपथपाते रहते हैं। परन्तु जब समय करवट लेता है तो इनका हश्र देखकर सहसा विश्वास ही नहीं होता कि क्या ये वही तथाकथित शक्तिशाली लोग हैं, जिनका हुक्म एक दिन कानून हुआ करता था! उदाहरण देखना चाहें तो ऐसे कई बड़े नेता, अफसर, यहाँ तक कि बाबाओं का नाम लिया जा सकता है जिनकी एक समय तूती बोलती थी, पर आज वे या तो गुमनामी के अंधेरों में खो चुके हैं या फिर चुपचाप जेल की सजा काट रहे हैं!

6. धोखे का परिणाम बुरा

किसी को, विशेषकर असहाय या भोले-भाले व्यक्ति को, धोखा देकर उसका धन हड़प लेने वाले लोग यह सोचकर मन ही मन प्रसन्न होते रहते हैं कि देखो कैसे उसको मूर्ख बना दिया! परन्तु वास्तव में वे स्वयं को ही मूर्ख बना रहे होते हैं, क्योंकि किसी के धन को इस प्रकार पचा जाना संभव नहीं होता, बल्कि जिसकी 'अमानत में खयानत' करके धन हड़पने का पाप उन्होंने किया है, उसकी आह उन्हें कभी शांति से जीने नहीं देती। गोस्वामी तुलसीदास जी ने सत्य कहा है-

तुलसी आह गरीब की, कबँहू न खाली जाए,
बिना सांस की धौंकनी, लौह भस्म हो जाए।

अर्थात किसी असहाय लाचार प्राणी की आह उसी प्रकार बेकार नहीं जाती (फलीभूत हो जाती है), जैसे मुहँ से हवा फूंकने वाली (लोहार की) छोटी-सी धौंकनी से लोहा भी भस्म हो जाता है।

7. अपना कर्ज तो चुकाना ही होगा

धोखे के अलावा, किसी से लिया हुआ कर्ज चुकाए बिना भी उसके बोझ से मुक्ति नहीं मिलती। अत: यदि किसी से लिया गया ऋण व्यक्ति अपने जीवन में न चुका पाए, तो आने वाले जन्म में भी यह उसका पीछा नहीं छोड़ेगा।

इस सम्बन्ध में एक किस्सा सुना था, जिसमें बताया गया कि एक बार किसी गाँव में कोई उत्सव चल रहा था, जहां बहुत से स्त्री-पुरुष एकत्र थे तथा समीप ही कुछ बच्चे खेल रहे थे। अचानक एक बड़ा भारी सर्प उधर से गुजरा, जो उनमें से एक बच्चे की तरफ देखकर ठिठक कर रुका और फिर

उसके सामने फन फैलाकर बैठ गया। बच्चा भी खेल-खेल में उसके ऊपर धूल-मिट्टी फेंककर खुश होने लगा। यह देखकर उस बच्चे के माता-पिता घबरा गए क्योंकि स्वाभाविक रूप से उन्हें लगा कि अगर उसे भगाया न गया तो यह सर्प अवश्य बच्चे को काट लेगा।

परन्तु जैसे ही कोई उसके पास आकर उसे भगाने का प्रयास करता, सर्प फुफकारने लगता, जबकि बच्चे को वह कोई हानि नहीं पहुंचा रहा था। तभी जैसे ही वहां खड़ा एक व्यक्ति डंडा लेकर उसे मारने को हुआ, सर्प ने उसे काट लिया। उसे तुरंत अस्पत्ताल ले जाया गया, जहां डॉ. ने जांचकर बताया कि तीक्ष्ण विष के प्रभाव से वह व्यक्ति मर चुका है। इससे वहां कोहराम मच गया।

परन्तु सर्प अभी भी बच्चे के सामने फन नीचा किये चुपचाप बैठा था और बच्चा मजे ले-लेकर उसे कंकड़ मार रहा था। तभी एक साधू, जो वहीं खड़े चुपचाप सब देख रहे थे, ने अभिमंत्रित जल सर्प के ऊपर छिड़का। सर्प चुपचाप सीधा होकर बैठ गया। साधू ने उससे प्रश्न किया कि उसने उस निरपराध व्यक्ति को क्यों मारा? सर्प ने उत्तर दिया कि वह डंडा लेकर मुझे मारने जा रहा था, अतः आत्म-रक्षा में मुझे ऐसा करना पड़ा। साधू बोले कि वह तुम्हें मार नहीं रहा था, बल्कि कहीं तुम उस मासूम बच्चे को नुकसान न पहुंचा दो, यह सोचकर तुम्हें भगाना चाह रहा था। सर्प बोला कि मेरा बच्चे को हानि पहुंचाने का कोई इरादा नहीं था, बल्कि मैं तो चुपचाप अपने रास्ते जा रहा था। तभी मेरी निगाह इस बच्चे पर पड़ी, जिसे देखते ही मैं पहचान गया कि यह मेरे पिछले जन्म का लेनदार है, जिससे मैंने 500 रुपये उधार लिए थे, परन्तु बिना उसका ऋण चुकाए ही अचानक मेरी मृत्यु हो गयी। आज इसे देखकर मैं शर्मिंदा होकर कर्ज न चुका पाने के कारण इससे क्षमा मांग रहा था और यह धूल-मिट्टी मेरे ऊपर फेंककर मुझे धिक्कार रहा था।

इस पर साधू ने कहा कि मैं समझ गया कि इस घटना में तुम्हारा कोई दोष नहीं, परन्तु क्या तुम कृपाकर इस व्यक्ति को जीवित कर सकते हो? सर्प ने कहा कि हाँ, कर तो सकता हूँ, परन्तु उसके लिए एक शर्त है! मैंने इस बच्चे से जो कर्ज लिया था, वह अब ब्याज लगकर 1000 रुपये हो चुका है। परन्तु इस योनि में असहाय होने के कारण मैं इसे चुकाने में असमर्थ हूँ। अतः यदि यह व्यक्ति मेरी ओर से यह राशि इस बच्चे को भुगतान कर दे, तो मैं कर्जमुक्त हो जाऊंगा और उसके बदले, इसकी जान बख्श दूंगा। यह

सुनते ही उस व्यक्ति के पिता, जो वहीं खड़े रो रहे थे, ने वह राशि निकाल कर उस बच्चे के पास रख दी, जिसे आश्चर्यजनक रूप से बच्चे ने तुरंत उठा लिया। यह देखते ही सर्प उस व्यक्ति के पास पहुंचा और उसके घाव पर मुहँ लगाकर सारा विष चूसकर उसे पुनर्जीवित कर दिया। फिर वह वहां से कहाँ गायब हो गया, कोई नहीं जान पाया!

अब यह कहानी कितनी सच है, यह तो हम नहीं जानते, पर जो सन्देश यह दे रही है, उसकी विश्वसनीयता में किसी को संदेह नहीं होना चाहिए।

8. सबसे ऊपर ईश्वरीय न्याय

यदि आप ईश्वर को मानते हैं तो यह भी जानते होंगे कि वह सर्वशक्तिमान (Omnipotent) होने के साथ-साथ सर्वव्यापी (Omnipresent) तथा सर्वज्ञ (Omniscient) भी है। अत: उसके न्याय पर हमें भरोसा होना चाहिए कि वह हमें हमारे कर्मों के अनुसार ही फल देगा।

परन्तु यदि किसी कारणवश आप ईश्वर के अस्तित्व को नकारते हों, तो भी प्राकृतिक नियमों (Law of Nature) को तो मानना ही होगा। न्यूटन द्वारा प्रतिपादित गति का तीसरा नियम (Newton's Third Law of Motion) कहता है कि प्रत्येक क्रिया की उतने ही अनुपात में प्रतिक्रिया होती है। इसका सीधा अर्थ यह हुआ कि प्रत्येक कर्म का उसी के अनुपात में फल मिलना निश्चित है।

तो क्या अब भी आप हमारी इस बात से सहमत नहीं हैं कि अपना बोया सबको काटना ही पड़ता है? यदि हों, तो कोई भी कर्म करने से पहले अच्छी तरह जांच लीजिये कि कहीं उसका परिणाम विपरीत होने वाला तो नहीं? यदि ऐसा लगे, तो समय रहते स्वयं को रोक लीजियेगा, ताकि बाद में पछताना न पड़े।

---

* उक्त कार्यालयों का नाम मात्र एक उदाहरण के तौर पर लिया गया है, जिसका उद्देश्य किसी कार्यालय विशेष में कार्य करने वाले अधिकारियों व कर्मचारियों पर दोषारोपण करना कदापि नहीं है। यह बात किसी भी सेवा/पेशे/व्यापार आदि में रत लोगों पर लागू हो सकती है। दूसरे, यह उदाहरण उस वर्ग के सभी लोगों पर लागू न होकर केवल उन व्यक्तियों की ओर इंगित करता है, जो ऐसा व्यवहार करते हैं।

5.
जैसा खाये अन्न, वैसा होये मन

कर्मों के अनुसार फल प्राप्ति के विषय की आज के सन्दर्भ में उदाहरण सहित व्याख्या से संतुष्ट हो सभी ने साधु-साधु कहकर ज्ञानी का अभिनन्दन किया। जिज्ञासु बोले कि आपने इस सिद्धांत को वर्तमान सन्दर्भ में भी बड़े अच्छे से समझा दिया है। परन्तु आध्यात्मिक-चर्चा के दौरान हमने अक्सर सुना है, 'जैसा खाए अन्न, वैसा होए मन'! अर्थात जिन साधनों से अन्न को प्राप्त किया गया हो, उनका प्रभाव उसे खाने वाले पर अवश्य पड़ता है। क्या इस कहावत का भी कर्म-फल के सिद्धांत से कोई सम्बन्ध है, कृपया बताएं!

ज्ञानी बोले आपने बिलकुल सही कहा, वस्तुतः यह कहावत भी, अप्रत्यक्ष रूप से ही सही, कर्म-फल के सिद्धांत की ही उपज है। परन्तु इसकी व्याख्या करने से पहले, इसके लिए जो दृष्टांत दिये जाते हैं, उन पर चर्चा कर लेते हैं।

1.1 पौराणिक प्रसंग

एक बार एक साधू को किसी बड़े प्रशासनिक अधिकारी ने अपने यहाँ भोजन के लिए आमंत्रित किया तथा भोजन के उपरान्त उनसे रात में वहीं रूककर विश्राम करने का आग्रह किया। साधू भोजन करके सो गए। रात को अचानक उनकी आँख खुली और वहां टंगे उस अधिकारी के कोट पर निगाह पड़ी। आश्चर्यजनक ढंग से साधू का मन हुआ कि कोट की जेब में हाथ डालकर देखा जाए कि उसमें क्या है! वहां नोटों का बण्डल पड़ा देख, उस वीतराग साधू के मन में भी लालच उत्पन्न हो गया और उन्होंने चुपचाप उसमें से कुछ नोट निकाल लिए। सुबह उठकर वे अपनी कुटिया में चले आये और नोट संभाल कर एक जगह रख दिए और फिर उनके विषय में भूल गए।

तीन दिन बीत गए। चौथे दिन जैसे ही साधू ने उन नोटों को फिर से देखा, तो सारे घटनाक्रम को यादकर उनका मन ग्लानि से भर उठा और मन की शान्ति के लिए अपने गुरु के पास पहुंचे। पूरा वृत्तांत सुन, गुरु मुस्करा कर बोले कि इसमें दोष तुम्हारा नहीं बल्कि उस अन्न का प्रतीत होता है, जो तुमने उस दिन ग्रहण किया था। अतः तुम उन अधिकारी के पास जाकर इस विषय में मालूम करो।

साधू तुरंत वे नोट लेकर उस अधिकारी के घर पहुँच गए और उनसे पूछा कि उस दिन जो भोजन उन्हें कराया गया था, उसकी सामग्री किस प्रकार प्राप्त की गयी थी। इस पर अधिकारी ने रसोइये से पूछकर बताया कि उनके द्वारा एक व्यक्ति पर गबन के आरोप में जांच की जा रही थी। उन्हें प्रसन्न करने के लिए वह व्यक्ति चावल का एक बोरा भेंट स्वरुप लेकर आया था, जिसे रसोइये ने, बिना उन्हें बताये, लेकर रसोई-घर में रख दिया। चूँकि साधू के लिए भोजन तैयार करने हेतु, आवश्यक सामग्री लाते समय उसे चावल लेना याद नहीं रहा था, अतः उसने उस बोरे में से एक मुट्ठी चावल उनके भोजन हेतु प्रयोग कर लिए। साधू समझ गए कि उस व्यक्ति के पापपूर्ण ढंग से कमाए गए अन्न का एक भाग खाकर उनके मन में विकार उत्पन्न हुआ, जो उनके द्वारा चोरी करने का कारण बना। परन्तु जैसे ही तीन दिन बाद, उस अन्न का प्रभाव उनके ऊपर से समाप्त हुआ, उनका विवेक पुनः जागृत हो गया।

तब पूरा वृत्तांत उन अधिकारी को सुनाकर साधू ने वे नोट उन्हें वापिस देकर क्षमा माँगी। अधिकारी लज्जित होकर उनके चरणों में गिर गए और तुरंत उस आरोपी द्वारा भेंट किये गए चावल वापिस कर आगे से सतर्क रहने का दृढ़ निश्चय कर लिया।

1.2 महाभारत का प्रसंग

इस कहावत को प्रमाणित करता एक प्रसंग महाभारत में भी आता है, जब शरशैय्या पर लेटे भीष्म पितामह धर्मराज युधिष्ठिर को उपदेश दे रहे थे। तब बीच में हस्तक्षेप करते हुए द्रौपदी ने पूछा कि आपके ये उपदेश उस समय कहां गए थे, जब मेरा चीरहरण किया जा रहा था? इस पर पितामह ने कहा "बेटी, उस समय मैंने दुर्योधन का दूषित अन्न खा रखा था, इसलिए मेरी बुद्धि में दोष था। पर अब इतने लंबे समय तक बाणों की शैया पर रहने से मेरा दूषित रक्त बह गया है, अतः अब मेरी बुद्धि भी निर्मल हो गई है।"

उक्त दोनों प्रसंगों से स्पष्ट है कि जिन साधनों से कोई वस्तु अथवा धन प्राप्त किया जाता है, उसका प्रभाव उसे प्रयोग करने वाले व्यक्ति की मानसिकता पर भी पड़ता है। यद्यपि आप कह सकते हैं कि धन तो केवल धन होता है, जिसका अपना कोई रूप, रंग, वर्ग या श्रेणी नहीं होती। परन्तु यदि गहराई में जाकर सोचें, तो ऐसा नहीं है। कम से कम उन लोगों के नजरिए से तो नहीं, जो कर्म-फल के सिद्धांत में विश्वास रखते हैं।

2. धन और उसे अर्जित करने हेतु किये गए कर्मों का सम्बन्ध

चूँकि धन कमाने के लिए कोई न कोई कर्म करना ही पड़ता है, अतः जिस प्रकार के कर्मों से कोई धन अर्जित किया जाता है, वे कर्म उस धन के साथ जुड़ जाते हैं और उसे अर्जित करने वाले के साथ-साथ उसे किसी भी रूप में पाकर उपभोग करने वाले व्यक्ति भी, चाहे वह धन उन्हें अर्जक से उसकी कर्त्तव्य-पूर्ति हेतु (जैसे परिजनों को पालन-पोषण के लिए), उपहार-स्वरुप (जैसे किसी मित्र अथवा सम्बन्धी को), दहेज, विरासत, दान, पड़े हुये अथवा गड़े हुए धन आदि के रूप में मिला हो, उसी अनुपात में उन कर्मों के प्रति उत्तरदायी हो जाते हैं, जितना ऐसा धन उन्होंने प्राप्त किया है।

इसका कारण यह है कि धन को बाद में पाने वाले व्यक्ति ने स्वयं तो उसे पाने के लिए कोई कर्म किया ही नहीं, अतः उसे अर्जित करने हेतु किये जाने वाले कर्मों में उसकी भागीदारी तार्किक दृष्टि से भी उचित ही है। अन्यथा, कर्म-फल का सिद्धांत व्यावहारिक रूप से असफल प्रमाणित हो जाएगा, क्योंकि कोई व्यक्ति एक तरफ तो दूसरे के अन्यायपूर्ण ढंग से अर्जित धन का आनंद लेता रहेगा और दूसरी ओर उस पर उन कर्मों का कोई दायित्व भी नहीं आयेगा!

तो आइये, देखते हैं कि धन अर्जित करने हेतु किये गए कर्मों की दृष्टि से धन के कितने प्रकार हो सकते हैं और उनका क्या प्रभाव प्राप्तकर्ता पर पड़ता है-

2.1. सत्य-मार्ग से अर्जित धन

ये वो धन होता है, जिसे कठिन परिश्रम के द्वारा, ईमानदारी, नीतिगत नियमों के पालन तथा न्यायसंगत ढंग से कार्य करते हुए कमाया जाता है। इसे सात्विक ढंग से अर्जित धन भी कह सकते हैं, जो अपने साथ अर्जक के जीवन और परिवार में सुख-शान्ति लेकर आता है। इस धन से व्यक्ति

रातों-रात धनवान भले न बन सके, परन्तु फिर भी उसके जीवन में कभी कोई कठिनाई नहीं आती और उसे दूसरों से सम्मान भी भरपूर प्राप्त होता है। यदि अपने इस प्रकार अर्जित धन में से व्यक्ति किसी को स्वेच्छापूर्वक कुछ भाग देता है, तो प्राप्तकर्ता भी उसका उपभोग कर सुख पाता है।

2.2. असत्य-मार्ग से अर्जित धन

जब अनैतिक मार्ग अपना कर, झूठ बोलकर, बेईमानी या भ्रष्ट आचरण आदि (परन्तु जिनसे किसी असहाय प्राणी को अकारण कष्ट न पहुँचता हो) से धन अर्जित किया जाता है, तो इसे राजसी साधनों से अर्जित धन कहते हैं। मांगकर लिया गया दहेज, रिश्वत के रूप में लिया धन, जुआ खेलकर कमाया रूपया, कम तौलकर बचाया पैसा आदि, इसी श्रेणी में आते हैं। ऐसे धन को पाकर प्राप्तकर्ता न तो जीवन में स्थायी शान्ति पा सकता है और न ही किसी के दिल में अपने लिए सम्मान की भावना उत्पन्न कर पाता है।

दूसरे, चूँकि ऐसा धन उसे बिना अधिक मेहनत किये मिल जाता है, अतः अक्सर देखा गया है कि यह विलासिता (जिसमें नशा व पर-स्त्रीगमन भी सम्मिलित हैं) या झूठी शान दिखाने पर ही खर्च होता है।

2.3. अमानवीय एवं अन्यायपूर्ण ढंग से अर्जित धन

किसी से चोरी कर, बरगला कर, छीनकर, सताकर, धोखा देकर या विश्वासघात कर, देशहित अथवा जनहित को हानि पहुंचा कर, तामसिक मार्ग से अर्जित धन अपने साथ किसी की बद्दुआयें अथवा पापकर्म के भयंकर परिणाम भी लेकर आता है। अतः अपने घर में आयी लक्ष्मी समान बहू को प्रताड़ित कर दहेज में प्राप्त किया धन, पदार्थों में मिलावट कर या नकली सामान बनाकर, किसी को अन्यायपूर्वक उसकी संपत्ति से बेदखल कर, किसी बालक-बालिका से बल-पूर्वक भीख मंगवा कर अथवा देह व्यापार करवा कर, बिना किसी की सहमति के उसके शरीर से अंग निकाल कर, देश के गोपनीय अभिलेखों को शत्रु के हाथों बेचकर आदि कुत्सित साधनों से कमाया धन पाने वाले को बर्बाद कर देता है।

इसी प्रकार जब सार्वजनिक प्रयोजन हेतू कोई पुल या भवन बनाने वाले इन्जीनियर व ठेकेदार आदि जान-बूझकर घटिया सामग्री का प्रयोग कर कमजोर ढांचा तैयार करते हैं, जिसके असमय गिर जाने के कारण कई लोगों की मौत तक हो जाती है, तो चाहे विभागीय जांच लम्बे समय तक

चलती रहे और बाद में दोषी बेदाग छूट भी जाएँ, परन्तु ईश्वरीय व्यवस्था उसी समय उनके भाग्य में दारुण दुःख का प्रावधान कर देती है और जब इस दंड को भुगतने का समय आता है, तो उनके पास पछताने के सिवा कुछ नहीं रह जाता।

इतना ही नहीं, ऐसे धन को किसी भी रूप में उसके अर्जक से पाने वाले व्यक्ति का जीवन भी दुखों से भर जाता है। अतः यदि आप शान्ति-पूर्वक सुखमय जीवन व्यतीत करना चाहते हैं तो स्वयं इन मार्गों से धन प्राप्त करना तो दूर, यह मालूम होने पर कि किसी व्यक्ति ने इस प्रकार के साधनों से धन अर्जित किया है, उससे किसी भी रूप में ऐसा धन स्वीकार ना करें।

2.4. पड़ा हुआ धन

कभी सुबह-सुबह रास्ता चलते किसी सुनसान जगह पर नोटों से भरा पर्स पड़ा मिल जाए तो पाने वाला खुशी से उछल पड़ता है कि आज तो दिन बन गया। फिर धीरे से रूककर चारों तरफ देखकर और अपना रुमाल नीचे गिराकर, उसके साथ पर्स भी उठाकर सफाई से जेब के हवाले कर लेता है।

अब जरा दूसरी तरह सोचिये! हम स्वयं किसी काम से जा रहे हों, जल्दी में हों या किसी परेशानी में, और इस हड़बड़ी में हमारा पर्स कहीं गिर जाता है। पर जैसे ही कहीं पैसा देने के लिए हम पर्स निकालना चाहते हैं, तब पता लगता है कि वो खो चुका है। अब हमारे मन में क्या आएगा, कि काश वो पर्स किसी भले आदमी को मिल जाए और वो हमें ढूँढकर उसे वापिस कर दे! परन्तु जब कोई ऐसा आदमी पैसा वापस करने नहीं आता, तो मन में आता है कि अगर किसी ने भी बदनीयती से वो पैसा रखा हो, तो उसे इसका दंड अवश्य मिले!

तो क्या दूसरे के लिए हमें भी वो 'भला आदमी' नहीं बन जाना चाहिए? अन्यथा, किसी की ऐसी बददुआयें भला हम क्यों लें! फिर कहते हैं कि धन जिस रास्ते आता है, उसी से वापस भी चला जाता है। इसलिए पाने वाला वो पैसा या तो जुए में हार जाएगा, या शराब पीकर उड़ा देगा या फिर बीमार होकर दवा खरीदने में, क्योंकि इसके साथ उस धन के असली स्वामी की बद्दुआयें भी जुड़ी होती है! अतः इसे लक्ष्मी की कृपा मानकर पराये धन को अपने पास रख लेने की भूल कर बैठने की अपेक्षा उनकी दी हुयी जिम्मेदारी

समझ कर तुरंत उसके असली स्वामी की खोज में लग जाएँ और मिल जाने पर उसके विषय में संतुष्ट होकर धन उसे वापस कर दें।

ऐसे में प्रश्न उठता है कि यदि लाख कोशिश करके भी पड़े धन का स्वामी न मिले तो क्या करें? तो हमारी राय में उसे किसी जरूरतमंद को दे दें, या जनहित के कार्यों में लगा दें अथवा परोपकार में लगी किसी संस्था के पास जमा करा दें। परन्तु चूँकि ऐसे धन को पाने वाला धन का वास्तविक स्वामी नहीं होता, अतः यदि वह उसे अपने नाम से दान में देता है, तब भी दूसरे का श्रेय ले लेने के पाप का भागी बनेगा। अतः उस धन को उसके अज्ञात स्वामी, जिसने इसे खोया था, की ओर से अनाम दानकर्ता के तौर पर ही जमा कराना चाहिए।

2.5. गड़ा हुआ धन

पुराने जमाने में बैंक आदि की सुविधा न होने के कारण लोग अपने धन को सुरक्षित रखने के लिए जमीन में गाड़ देते थे। ऐसा सामान्य लोग भी करते थे और वारदात करने के बाद कुछ समय तक पुलिस से बचने के लिए चोर-डाकू आदि भी! बाद में किसी कारणवश धन के स्वामी की मृत्यु हो जाने, चोर/डाकू को सजा हो जाने, या धन गाड़ने के सही स्थान के विषय में भ्रम हो जाने आदि की दशा में, वो धन ऐसे ही पड़ा रह जाता था। चूँकि उस समय धन सोना, चांदी आदि धातुओं के रूप में होता था, अतः वह दीर्घकाल तक उसी रूप में बना रहता है। बाद में कभी पुराने मकान की मरम्मत कराने या खेत में गहरी जुताई आदि करते समय, ऐसा धन किसी के हाथ आ सकता है।

अब यदि कानून की बात करें, तो इसे सरकारी खजाने में जमा कराना होता है, जबकि चुपचाप स्वयं रख लेना अपराध की श्रेणी में आता है। परन्तु यदि आध्यात्मिक दृष्टि से भी देखा जाए तो इसे अपने व्यक्तिगत उपयोग में लाना बिलकुल भी उचित प्रतीत नहीं होता, क्योंकि यह आवश्यक नहीं कि यह धन हमारे किसी पूर्वज का ही रहा हो (जिनसे हमें विरासत के रूप में कुछ पाने का अधिकार हो), बल्कि किसी अपरिचित व्यक्ति का (जो सामान्यतः आज जीवित नही होंगे) या फिर किसी चोर-डाकू द्वारा लूटा हुआ भी हो सकता है, जिनके द्वारा उस धन को प्राप्त करने के लिए किये गए कर्म स्वाभाविक रूप से उसे पाने वाले व्यक्ति के ऊपर हस्तांतरित हो जायेंगें।

ऐसा भी माना जाता है कि यदि उस धन के मृतक स्वामी की आत्मा,

धन के मोहपाश में बंधी होने के कारण, मुक्त ना हो पा रही हो, तो उस धन के प्राप्तकर्ता पर अपने पाप-कर्म हस्तांतरित होते ही, अथवा उस व्यक्ति को धन उपलब्ध कराने के फलस्वरूप उसके पुण्य प्राप्त कर, स्वयं तो मुक्त हो जाती है, परन्तु उस लालची प्राप्तकर्ता को उसी स्थिति में छोड़ जाती है, जिसमें अभी तक वह स्वयं दु:ख पा रही थी। अत: ऐसे धन का एक छोटा-सा अंश भी अपने प्रयोग में ना लाकर उसे अविलम्ब सरकारी खजाने में जमा करा दें और तात्कालिक लाभ के लालच में आकर दीर्घकालीन दुखों को न्यौता न दे बैठें।

इसके बावजूद भी आपने सुना होगा कि कुछ अन्धविश्वासी लोग, गड़ा धन पाने के लालच में तांत्रिकों के पास चक्कर लगाते रहते हैं और इनके बहकावे में आकर इस उद्देश्य की पूर्ति हेतु पशुबलि, यहाँ तक कि नरबलि तक देने को तैयार हो जाते हैं और परिणामस्वरूप न केवल अपना वर्तमान, बल्कि अपनी संतान का भविष्य भी अंधकारमय बना देते हैं।

3. सच्ची शांति सात्विक साधनों से अर्जित धन से ही

उक्त तथ्यों से स्पष्ट है कि जीवन में सच्ची सुख-शांति की चाह रखने वाले मनुष्य को न्यायिक, नैतिक तथा मानवीय मूल्यों का ध्यान रखकर, केवल श्रम तथा ईमानदारी के द्वारा अर्जित धन को ही स्वीकार करना चाहिए तथा पराये, अनैतिक, अन्यायपूर्ण, अथवा अमानवीय ढंग से अर्जित, पड़े हुये अथवा गड़े हुये धन से इसी प्रकार दूरी बनाकर रखनी चाहिए, जैसी किसी विषैले नाग से, क्योंकि विष का उपचार संभव हो सकता है, परन्तु पापपूर्ण ढंग से अर्जित धन के प्रभाव का नहीं!

6.
काल-चक्र की महिमा न्यारीः इसके वश में दुनिया सारी!

एक संयोग के कारण मिले ज्ञान-चर्चा के इस सुअवसर का लाभ हर कोई उठाना चाह रहा था। अतः सात्विक ढंग से धनोपार्जन से सम्बंधित विषय पर हुए वार्तालाप के पूर्ण हो जाने पर भी बातचीत का सिलसिला नहीं रुका। तभी सबकी ओर से ज्ञानी का आभार प्रकट कर जिज्ञासु ने कहा महोदय, आज संयोगवश आप जैसे ज्ञान के सागर का सानिध्य पाकर हम सब कृतार्थ हुए जिससे हमारे मन की अनेकों शंकाएं एक-एक कर दूर हो रही हैं।

साथ ही, इसके लिए हम 'समय' अथवा 'काल' को भी धन्यवाद देना चाहेगें, जिसकी गति को समझ पाना किसी के बस की बात नहीं। कोई नहीं जानता कि आने वाले वक्त की झोली से हमारे लिए क्या निकलने वाला है। जैसा अभी सबने देखा कि हम सब यात्री, जो कल खुशी-खुशी ट्रेन में बैठकर चले थे, रात को एयर-कंडीशनर की ठंडी हवा में लेटे यात्रा के अपने-अपने उद्देश्य के विषय में सोचकर, सुबह गंतव्य पर पहुँचने के उत्साह से भरे थे, परन्तु उठे तो परेशानियां मुँह बाये खड़ी मिली और अब पंखे की हवा भी नसीब नहीं!

यात्रा में आये इस आकस्मिक व्यवधान से एक बार सभी विचलित हो गए थे। परन्तु अब शायद ही कोई व्यक्ति ऐसा होगा जो आपके द्वारा की जा रही ज्ञानामृत की वर्षा से तृप्त हुए बिना, बीच में यहाँ से जाना चाह रहा होगा। यह 'काल' का ही प्रताप है कि जो हमें विपत्ति में वह बहुमूल्य ज्ञान उपलब्ध करा रहा है, जो हम सामान्य समय में भी नहीं सोच सकते थे।

ज्ञानी बोले कि आपने उचित कहा, समय वास्तव में सृष्टि का सबसे शक्तिशाली तत्व है। मनुष्य तो 'समय' के हाथ में एक खिलौना मात्र है, जो उससे सब-कुछ कराता है। परन्तु अफसोस कि फिर भी वह इस गलतफहमी में बैठा रहता है, जैसे सारी दुनिया उसी के इशारे पर चलती है।

इस पर जिज्ञासु ने ज्ञानी से अनुरोध किया कि यदि वे इस गूढ़ विषय पर कुछ और विवेचना करें तो बड़ी कृपा होगी। ज्ञानी इसके लिए सहर्ष तैयार हो गए और बोले कि सब जानते हैं, समय गतिमान होता है और कभी किसी के लिये नहीं रुकता। उसी के साथ स्थितियां भी हर पल बदलती रहती हैं। जो कुछ भी थोड़ी देर पहले जैसा था, वह अब वैसा नहीं है और जैसा अब है, वह कुछ समय बाद नहीं रहेगा।

यहाँ तक तो ठीक है, परन्तु क्या आपने कभी सोचा कि समय की गतिशीलता की परिकल्पना चक्र या पहिये की तरह क्यों की जाती है? क्या इसलिए कि यह घुमा-फिरा कर हमें वापिस वहीं ले आता है, जहां से हमने शुरुआत की थी? तो आइये विचार करते हैं कि 'समय' अथवा 'काल' के विषय में यह धारणा क्यों बनी होगी और यह हमें क्या सन्देश देती प्रतीत होती है!

1. सम्पूर्ण सृष्टि, काल-चक्र से बंधी

महाविस्फोट (Big Bang) के वैज्ञानिक सिद्धांत के अनुसार सृष्टि के प्रारम्भ में एक बिंदु में समाहित अपरिमित शक्ति, अकस्मात एक महाविस्फोट के माध्यम से प्रस्फुटित होकर चारों ओर फैल गयी। इसके फलस्वरूप यह ब्रह्माण्ड अस्तित्व में आया, जिसका निरंतर विस्तार होता गया, जो आज भी जारी है। परन्तु एक निश्चित सीमा पर पहुँच कर एक दिन यह विस्तार रुक जाएगा और फिर उसी गति से संकुचन की उल्टी प्रक्रिया प्रारंभ हो जायेगी, जो प्रलय अर्थात महाविनाश पर जाकर समाप्त होगी।

उस स्थिति में पहुंच कर ब्रह्माण्ड की समस्त ऊर्जा वापस उसी सूक्ष्म बिन्दु में पूर्ववत समाहित हो जायेगी। सृष्टि के उद्‌भव, विकास व विनाश की यह प्रक्रिया सतत रूप से दोहराई जाती रहती है और काल-चक्र की गति के साथ, चीजें एक स्वचालित व्यवस्था के अंतर्गत एक स्थिति से दूसरी,

तीसरी अथवा और आगे होते हुए फिर वापिस पहली अवस्था में पहुँचने का क्रम अनवरत चलता रहता है।

2. जहां से चले, वापिस वहीं पहुंचे

चूँकि पृथ्वी गोल है, अतः भूगोलविदों का मानना है कि यदि हम धरती पर किसी एक निश्चित स्थान से चलना प्रारम्भ करें और नाक की सीध में निरंतर चलते रहें, तो एक दिन वापिस उसी बिंदु पर आ पहुंचेंगें, जहाँ से हमने चलना शुरू किया था।

3. दिन की लालिमा और रात की कालिमा

रोज सुबह सूर्य अपनी किरणों की एक हल्की-सी झलक के साथ उदित होता है। शनैः शनैः प्रकाश बढ़ता जाता है और दोपहर आते-आते अपने चरम पर पहुँच जाता है। परन्तु यह स्थिति अधिक देर तक टिकी नहीं रहती। फिर उसी गति से प्रकाश कम होना प्रारम्भ होकर रात आते-आते निश्ंचित होकर अन्धकार के आगोश में विलीन हो जाता है, क्योंकि वह जानता है कि अगली सुबह वह फिर से उस पर विजय पा लेगा। यही प्रकृति का अटल नियम है।

4. आज अमावस, तो कल पूर्णिमा

सब जानते हैं कि चंद्रमा पूर्णिमा के बाद की प्रथमा से तिल-तिल कर घटना शुरू होता है और अमावस्या आने पर गहन अन्धकार में पूर्णरूप से विलुप्त हो जाता है। परन्तु उसके पश्चात अगले ही दिन से उसके उत्थान का क्रम प्रारंभ हो जाता है और वह वापिस उसी गति से बढ़ना शुरू कर देता है, जिससे उसका पतन हुआ था। पूर्णिमा आते-आते वह अपने सम्पूर्ण आकार को पुनः प्राप्त कर लेता है।

अतः इस क्रम में न तो उसके पास अपने सम्पूर्ण आकार को लेकर गर्व करने का कोई कारण है, क्योंकि वह तो शीघ्र घटने जा रहा होता है और न ही लघुतम आकार को लेकर अवसादग्रस्त होने की आवश्यकता, क्योंकि वह उन्नति के सोपान चढ़ने ही वाला है। सम्यक जीवन-दर्शन का इससे उत्तम उदाहरण भला और क्या हो सकता है!

5. अन्य प्राकृतिक क्रियायें और काल-चक्र

5.1. बीज से फल और फल से बीज तक का सफर

आज जो पदार्थ हमें बीज के रूप में दिखाई दे रहा है, वही अंकुरित होकर कल पौधा बनता है और फिर वृक्ष के रूप में विकसित होकर फल देने लगता है। इसी फल से पुनः बीज की उत्पत्ति होती है। इस प्रकार बीज से फल और फल से बीज बनने का यह क्रम लगातार चलता रहता है।

5.2. भोज्य पदार्थों की उत्पत्ति और उपभोग

आज जो खाने योग्य उत्तम पदार्थ हमें आकर्षित कर रहे हैं, वे हमारा भोजन बनते ही अपशिष्ट के रूप में परिवर्तित हो जायेंगें, जिनकी ओर देखना भी हम पसंद नहीं करेंगें। परन्तु कुछ समय बाद वही अपशिष्ट खाद का रूप लेकर भोज्य पदार्थों में प्रवेश कर फिर से अपने आकर्षक रूप में हमारे सामने आ खड़े होंगे।

5.3. सागर से सरिता का अनोखा जल-चक्र

आज समुद्र का खारा पानी ही भाप बनकर उड़ेगा और पर्वत पर बरस कर पवित्र गंगाजल बन जाएगा, जबकि मीठे पानी से भरी आज की नदी, कुछ समय बाद समुद्र में मिलकर खारे पानी में बदल जाएगी।

6. दैवीय शक्तियां भी अपवाद नहीं

ईश्वर-जनित इस काल-चक्र से दैवीय शक्तियां भी मुक्त नहीं होती और उन्हें भी इसके नियमों का पालन करना होता है। यहाँ तक कि जब कभी ये शक्तियां भौतिक रूप में इस जगत में अवतरित होती हैं, तब स्वेच्छा-पूर्वक इन नियमों का पालन करती हैं, ताकि इस ईश्वरीय व्यवस्था में कोई व्यवधान उत्पन्न न हो। त्रेता युग में श्रीराम का सीताजी की खोज में दर-दर भटकना और द्वापर युग में श्रीकृष्ण द्वारा बहेलिये के तीर से प्राण-त्याग करना यही दर्शाता है।

अन्य उदाहरण देखना चाहें, तो विभाजन के पश्चात पाकिस्तान में रह गए हमारे कुछ जागृत तीर्थस्थलों जैसे हिंगलाज तथा कटासराज मंदिरों को देख सकते हैं, जहां एक समय दर्शनार्थियों का तांता लगा रहता था, जबकि आज किसी के लिए वहां जाकर एक दीपक जलाना भी दुष्कर है।

7. पौराणिक-प्रसंग

महाभारत युद्ध जीतने के पश्चात अर्जुन को अभिमान हो गया कि यह विजयश्री उनके पराक्रम से हाथ लगी है। अतः उन्हें सत्य का ज्ञान कराने हेतु श्रीकृष्ण ने उन्हें बुलाकर कुछ गोपियों को सुरक्षित उनके स्थान पर छोड़कर आने के लिए कहा। अर्जुन उन्हें साथ लेकर चल दिए। रास्ते में उनका सामना दस्युओं से हो गया, जिनको ललकारते हुए अर्जुन ने अपना गांडीव उठाकर आक्रमण करने का प्रयास किया। परन्तु बाण चलाना तो दूर, वे धनुष भी न उठा सके और दस्युओं ने गोपियों को लूट लिया। तब लौटने पर व्यथित अर्जुन को श्रीकृष्ण ने समझाया कि जिसने महाभारत युद्ध जीता, वह तुम नहीं थे, वह तो समय था, जो तुमसे सब-कुछ करा रहा था। यही कारण है कि अब समय बदल जाने पर तुम स्वयं को इतना असहाय महसूस कर रहे हो। अर्जुन बात के मर्म को समझ गए।

इस प्रसंग को एक दोहे के माध्यम से इस प्रकार वर्णित किया गया है-

तुलसी मानुस का बली, समय होत बलवान।
भीलन लूटी गोपिका, वही अर्जुन वही बान।।

अर्थात मनुष्य की शक्ति को क्या सराहें, वास्तव में 'समय' ही सबसे बलवान होता है। महाप्रतापी अर्जुन के हाथ में वही धनुष-बाण (जिनके बल पर उन्होंने महाभारत का युद्ध जीता था) होते हुए, डाकुओं ने उनकी उपस्थिति में गोपिकाओं को लूट लिया था।

8. समय के पहिये से बंधा जीवन

8.1. इक पल चढ़ना, इक पल उतरना

यदि आप कभी चलते हुए हिंडोले को गौर से देखें तो पायेंगें कि उसका जो पलना इस समय सबसे ऊपर है, वह क्रम से नीचे आता हुआ, कुछ समय बाद सबसे नीचे आ जाएगा। परन्तु वो फिर वहां से ऊपर उठना शुरु करेगा और धीरे-धीरे ऊपर चढ़ता हुआ, वापस सबसे ऊपर आ जाएगा। अतः हिंडोले में बैठे जो लोग अभी ऊपर दिख रहे हैं, वे कुछ समय बाद नीचे आयेंगे और नीचे वाले उनकी जगह ले लेंगे। इसलिए ऊंचाई पर बैठकर नीचे देखना न भूलें, जिससे याद रहे कि हमें भी एक दिन वहां जाना है

और नीचे बैठकर ऊपर देखना इसलिए आवश्यक है, जिससे वहां पहुंचने का विश्वास मन में बना रहे।

8.2. चाहे सुखिया या हो दीन, वक्त के होते सब आधीन

मान लीजिए आज कहीं भूकंप, बाढ़ या अन्य कोई बड़ी आपदा आ जाए और वहां सब-कुछ तहस-नहस हो जाए, तो वहाँ रहने वाले सभी व्यक्ति, चाहे समर्थ हों या साधारण, समान रूप से कष्ट पाने को विवश हो जायेगें।

इस अवस्था को अपने समय की प्रसिद्ध हिंदी फिल्म 'वक्त' में बड़े मार्मिक ढंग से चित्रित किया गया है। फिल्म का शीर्षक-गीत 'वक्त से दिन और रात, वक्त से कल और आज, वक्त की हर शै गुलाम, वक्त का हर शै पे राज। आदमी को चाहिए, वक्त से डरकर रहे, कौन जाने किस घड़ी फिर वक्त का बदले मिजाज', हमें चेतावनी देते हुए याद दिलाता है कि वक्त (समय अथवा काल) ही सम्पूर्ण सृष्टि को चलाता है, अतः स्वयं को कर्ता समझने की भूल कभी न करें।

8.3. स्वामी और सेवक की बदलती भूमिका

कई भूतपूर्व जमींदारों तथा नवाबों की संताने आज आपको मजदूरी करती मिल जायेंगी, जबकि कल के सिपाही का बेटा आज IPS अधिकारी बनकर अपने पिता से डांट-फटकार कर काम लेने वाले थानेदार को भी अपने सामने खड़ा होने को विवश कर सकता है।

8.4. सबको वक्त बनाता, कभी याचक कभी दाता

वक्त के साथ लोगों की भूमिकाएं भी अचानक बदल जाती हैं, यहाँ तक कि इसके लिए दाता को याचक और याचक को दाता बना देना कोई बड़ी बात नहीं है। उदाहरण के लिए, हमारी इस यात्रा को ही लें, आभिजात्य वर्ग के जो लोग कल हमें दाता की भूमिका में नजर आ रहे थे, आज उनमें से कई को याचक बन अपने बच्चे के लिए किसी अन्य से दूध व बिस्कुट मांगकर ले जाते और अनारक्षित डब्बे वाले यात्रियों के साथ बैठकर पड़ौसी गाँव के किसान के घर से आया साधारण नाश्ता प्रेमपूर्वक करते सभी ने देखा होगा।

8.5. हर घड़ी बदलाव, वक्त का स्वभाव

भारत-पाक विभाजन के समय पूर्वी-पंजाब के कई प्रतिष्ठित धनी-मानी परिवार, जान बचाने के लिए अपना घर-बार तथा व्यापार आदि सब-कुछ वहीं छोड़कर रातों-रात अचानक इधर भाग आने के कारण कंगाल हो गए। भारत पहुँच कर वे मजदूरी करने और दुकानों की सीढ़ियों पर सोकर रात बिताने को विवश हुए। परन्तु समय ने फिर पलटा खाया और जिन दुकानों की सीढ़ियों पर सोकर उन विस्थापितों ने अनेक रातें गुजारी, बाद में उनकी संताने अपनी मेहनत और सूझ-बूझ के बल पर उनमें से कई दुकानों की मालिक बन गयी।

9. पारस्परिक मानवीय सम्बन्ध और काल-चक्र

9.1. जन्म के साथ बदलते रिश्ते

आज जिसने बालक के रूप में जन्म लिया है, वही युवा होकर संतानोत्पत्ति का कारण बनता है। फिर वृद्धावस्था में पहुँच कर जब वह मृत्यु को प्राप्त हो जाएगा, तब फिर दुबारा कहीं बालक के रूप में जन्म लेगा और उन सब लोगों से आयु, रिश्ते, प्रतिष्ठा आदि में छोटा हो जाएगा, जिनसे इन मानदंडों के अनुसार आज वरिष्ठ है।

इस क्रम में हो सकता है कि वह आज के अपने ही परिवार में जन्म ले लें। तब इस काल-चक्र की महिमा से, वह न केवल दूसरों के साथ, बल्कि स्वयं अपने सन्दर्भ में भी रिश्तों के चक्रव्यूह में उलझ कर रह जाएगा।

इस स्थिति को एक उदाहरण से समझ सकते हैं। मान लीजिये, रामलाल के एक पुत्र हैं श्यामलाल, जिनके एक पुत्र हैं मोहनलाल। अपनी आयु पूर्ण होने पर रामलाल मृत्यु को प्राप्त होते हैं और मोहनलाल के पुत्र के रूप में जन्म ले लेते हैं। तब उनके पूर्व-जन्म के पुत्र श्यामलाल इस जन्म में उनके दादा बन जायेंगें। इतना ही नहीं, तब आज के रामलाल, अपने (पूर्व-जन्म के रामलाल के) ही परपोते बन जायेंगें, जबकि पूर्व के रामलाल स्वयं अपने (आज के रामलाल के) परदादा!

अब तनिक कल्पना कीजिये, यदि परदादा रामलाल ने पिछले जन्म में कुछ विशेष अच्छे कार्य किये हों, तो लोग उनका उदाहरण दे देकर परपोते

रामलाल का जीना मुहाल कर देंगें, बिना यह जाने कि ये वही सत्पुरुष हैं, जिनका बखान करते वो थक नहीं रहे! परन्तु इसके विपरीत यदि उनसे कोई ऐसी भूल हुयी हो जिसका खामियाजा उनकी आने वाली पीढ़ियाँ आज तक भुगत रही हों, तो आज का रामलाल, परदादा रामलाल को पानी पी पीकर कोसेगा, इस बात से अनजान कि भूल करने वाला तो स्वयं वही था! है न बुद्धि को चकरा देने वाली विचित्र स्थिति, जब न केवल संबंधों की वरिष्ठता समय की धारा के वेग से विपरीत दिशा में घूम जाती है, बल्कि व्यक्ति अपनी विभिन्न भूमिकाओं में स्वयं अपने मुकाबले में ही खड़ा होने को विवश हो जाता है!

9.2. माता-पिता और संतान की परस्पर निर्भरता

जिन माता-पिता ने जन्म के पश्चात संतान को सहारा दिया और युवावस्था तक पहुंचाया, समय बीतने के साथ वे उन्हीं का सहारा ताकने को विवश हो जाते हैं और एक दिन उनकी संतान ही उन्हें जीवन-यात्रा के अंतिम छोर (श्मशान भूमि) पर छोड़ आयेगी, जैसे उन्होंने अपने माता-पिता को छोड़ा था।

9.3. वक्त के साथ बदलती, इंसान की सोच

कल तक जो पुत्र अपने वृद्ध पिता को पुरानी पड़ चुकी सोच का मूर्तरूप और उसकी पत्नी अपनी वृद्धा सास को एक फालतू सामान की तरह समझते थे, आज वही पुत्र अपनी संतान को नए जमाने की हवा लग जाने और उसकी पत्नी, अपनी बहू को उनकी परवाह न करने का आरोप लगाते थकते नहीं हैं। परन्तु उन्हें याद रखना होगा कि कल का पुत्र ही आज का पिता है और कल की बहू आज की सास! साथ ही पुत्र व उसकी पत्नी को भी ध्यान रखना होगा कि वे दोनों आने वाले कल में स्वयं पिता और सास बनने जा रहे हैं।

9.4. एक ही माँ के दो जाये, वक्त ने कैसे किये पराये

जिस भाई पर कल तक दूसरा भाई जान छिड़कता था, आज उसकी शक्ल देखने को भी तैयार नहीं होता। पुराने समय की बात करें तो बालि-सुग्रीव तथा रावण-विभीषण के बीच पहले प्यार और फिर तकरार

का उदाहरण देख सकते हैं। आज के समय में भी भाइयों में बचपन का स्नेह और फिर बाद में संपत्ति को लेकर हुई मुकदमेबाजी सबने देखी होगी।

9.5. पहले प्यार, फिर तकरार, वक्त की देखो कैसी मार

विवाह से पूर्व जो प्रेमी-प्रेमिका एक दूसरे को अपने जीवन से भी प्रिय बताते थकते नहीं थे, विवाह के पश्चात तलाक का मुकदमा लड़ते समय वे एक दूसरे के ऊपर इस प्रकार आरोपों की वर्षा करते हैं, मानो उससे बुरा दुनिया में और कोई है ही नहीं!

उक्त उदाहरणों में भाई-भाई तथा प्रेमी-प्रेमिका तो वही होते हैं, बस काल-चक्र के प्रभाव से उनकी संवेदनाओं पर समय की धूल जम जाने के कारण, पारस्परिक भावनात्मक सम्बन्ध विपरीत दिशा में घूम जाते हैं।

10. कुछ अन्य जीवंत उदाहरण

10.1. कभी हार, कभी जीत, यही है वक्त की रीत

कल चुनाव हार गया नेता, आज जीत हासिल कर सत्ता पा लेता है और आज का विजयी उम्मीदवार कल फिर चुनाव हारकर विपक्ष में बैठने को विवश हो सकता है।

10.2. वक्त के साथ दौड़ता, सबको दौड़ाने वाला

कल तक बड़े सरकारी पद पर बैठकर दूसरों को इधर से उधर दौड़ाने वाले कई अधिकारी अपनी भविष्य-निधि व पेंशन का भुगतान पाने के लिए भटकते देखे जा सकते हैं, तब पूर्व में उनके द्वारा उत्पीड़न का दंश झेल चुका कोई युवा अधिकारी उनकी सहायता के लिए हाथ आगे बढ़ाकर उन्हें शर्मसार कर देता है।

10.3. कौन है छोटा, कौन बड़ा, सबसे ऊपर वक्त खड़ा

कौन बड़ा है और कौन छोटा, यह एक तात्कालिक स्थिति है। सरकारी नौकरी में अपने आधीन रह चुके कर्मचारी को कुछ समय पश्चात अपना ही बॉस बनते कई अधिकारियों ने देखा होगा और इस स्थिति में रहकर बड़ा मानसिक कष्ट सहते शेष सेवा-काल पूरा किया होगा!

10.4. जालिम के अत्याचार पर वक्त की मार

कभी किसी अबोध कन्या के साथ दरिंदगी करते हुए उसकी छोड़ देने की करुण पुकार से भी सुख पाने वाला नरपिशाच, पुलिस की गिरफ्त में आने पर थर्ड-डिग्री का सामना होते ही अथवा किसी निरीह जंतु को नृशंसता-पूर्वक मार डालने वाला शिकारी, उसी जंगल में जब डाकुओं के चंगुल में फंसकर बेबस हो जाता है, तो सबसे पहले अपने ऊपर दया करने की गुहार लगाता है। परन्तु ये बेचारे शायद यह नहीं जानते कि अब समय करवट ले चुका है, नाटक वही चल रहा है, बस पात्र बदल गए हैं। अतः जब अपने अच्छे समय में उन्होंने दया नहीं की थी तो अब उनके विवश होने पर उनकी गुहार भला कौन सुनेगा और क्यों?

10.5. लाचार की सुनें, अपना भला करें

इसलिए यदि परिवार के साथ पिकनिक मनाने जाते समय दुर्घटना में घायल कोई व्यक्ति, रास्ते में पड़ा कराहता हुआ मिल जाए, तो यह सोचकर वहां रुककर, उसकी सहायता करना ना भूलें कि यह दृश्य बदलने में देर नहीं लगती जब हम स्वयं सड़क किनारे पड़े, वहां से होकर गुजरने वाले इसी व्यक्ति की ओर आशा भरी नजरों से देख रहे हों कि वह हमें वहां से उठाकर शीघ्र हॉस्पिटल पहुंचा देगा। (वस्तुतः विपत्ति में किसी अन्य से सहायता पाने की आशा हम तभी कर सकते हैं, जब स्वयं किसी विपदाग्रस्त की मदद करने को तैयार रहते हों!)

11. अच्छे समय में अभिमान और बुरे समय में निराशा से बचें

अतः, यदि आज आपका समय अच्छा है तो उस पर अभिमान ना करें, बल्कि ईश्वर का आभार प्रकट करें कि उसने आपको वहां स्थान दे रखा है, जहां देखकर लोग आपको बड़ा समझ रहे हैं। साथ ही यदि कोई विपदाग्रस्त जीव कभी आपके संपर्क में आये, तो यथासंभव उसकी मदद करने का प्रयास करें। परन्तु यदि यह संभव ना हो, या आप ऐसा न करना चाहें, तो भी उसका अपमान, उपहास, उपेक्षा या तिरस्कार तो कदापि ना करें। याद रखिए, समय किसी की भी भूमिका को बदलने में देर नहीं करता। अतः

इससे पहले कि वह आपकी वर्तमान भूमिका में परिवर्तन करे, आज वही भूमिका निभा रहे जीवों के साथ अच्छा व्यवहार कर उसे जता दें कि आप स्वयं उस भूमिका में आने के बाद अपने साथ कैसा व्यवहार किया जाना पसंद करेंगें। विश्वास रखिए कि आज जो व्यवहार आप दूसरों के साथ कर रहे हैं, पर्वत से दी गयी आवाज की प्रतिध्वनि की भांति, वही लौटकर आपके पास आएगा, चाहे जल्दी या फिर कुछ देर से।

इसके विपरीत, यदि आपका समय खराब चल रहा हो तो धैर्य बनाये रखें, अच्छा समय भी अवश्य आयेगा। किसी ने सच कहा है, 'जब वह समय नहीं रहा, तो यह भी नहीं रहेगा'।

7.
सफल जीवन-यात्रा हेतु टिप्स

काल-चक्र की गति के विषय में ज्ञानी द्वारा की गयी विवेचना श्रोता बड़े मनोयोग से सुन रहे थे। उनकी बात समाप्त होने पर ज्ञानी महोदय को धन्यवाद देकर जिज्ञासु बोले कि इस वार्ता के प्रारंभ में आपने जीवन की तुलना एक यात्रा से की थी, जो सर्वथा उचित ही है। अब कृपया यह भी बताएं कि इस यात्रा में किन-किन बातों का ध्यान रखा जाए, जिससे यात्री शीघ्र अपनी मंजिल तक पहुँच सके।

ज्ञानी बोले आपने बड़ा अच्छा प्रश्न किया है, क्योंकि यदि जीवन-यात्रा के दौरान कुछ बातों का ध्यान रखा जाए तो मानव-जीवन रुपी इस दुर्लभ अवसर का लाभ उठाकर जीव अगर इसी जन्म में मोक्ष प्राप्ति के अपने अंतिम लक्ष्य को प्राप्त न भी कर पाए, तो कम से कम उसके निकट पहुँचना तो प्रारंभ हो ही जाएगा। तो आइये विचार करते हैं उन आवश्यक बातों पर -

1. फालतू सामान साथ न रखें

हम जानते हैं कि किसी भी यात्रा में सामान जितना कम होगा, यात्रा उतनी ही सुगम होगी तथा अपना स्टेशन आने पर उतरने में भी सुविधा रहेगी। यह बात जीवन-यात्रा पर भी उसी तरह लागू होती है। इस यात्रा में फालतू सामान अधोगति को ले जाने वाले विकारों के रूप में हो सकता है।

वस्तुतः मन में उत्पन्न होने वाले बहुत से विचार, पहले मन-मस्तिष्क में गाहे-बगाहे आकर, धीरे-धीरे मानव व्यवहार तथा व्यक्तित्व का अंग बन जाते हैं। यदि ये विचार नकारात्मक हुए तो इन्हीं को विकारों की श्रेणी में रखा जाता है। ऐसे बहुत से विकार हैं जो जीव को अधोगति में ले जाने का कारण बनते हैं। अतः जैसे पर्वत पर ट्रैकिंग करते समय अपने अभियान की सफलता सुनिश्चित करने हेतु पर्वतारोही केवल आवश्यक सामान साथ लेकर

जाते हैं और किसी भी फालतू सामान को रास्ते में ही फेंककर अपना भार हल्का कर लेते हैं, उसी प्रकार जीवन-यात्रा के दौरान तथा उसके अंतिम पड़ाव पर पहुँचने से पहले, मन के विकारों को दूर कर लेना कल्याण-मार्ग के पथिक के अपने ही हित में होता है।

1.1. विकारों की प्रकृति

इन विकारों में मुख्य चार अर्थात, काम, क्रोध, लोभ तथा मोह माने जाते हैं। इसके अतिरिक्त तृष्णा, अहंकार, ईर्ष्या, द्वेष, घृणा, आलस्य, प्रमाद, अपेक्षा, भय, चिंता, शोक, निराशा, पाखण्ड, स्वार्थ, छल-कपट, उपहास, विश्वासघात, कृतघ्नता आदि अन्य विकार भी हैं, जो जीव के आध्यात्मिक विकास में बाधा उत्पन्न करते हैं। इनमें से एक या अधिक विकारों से ग्रस्त व्यक्ति हमेशा दुखी एवं असंतुष्ट रहता है तथा कल्याण-मार्ग से भी भटक जाता है।

अतः सतत आत्मावलोकन तथा आत्म-निरीक्षण द्वारा अपने दोषों को पहचान कर उन्हें दूर करते जाने में ही जीवात्मा की भलाई है। यद्यपि इनमें से कुछ विकार ऐसे भी हैं, जिनका उद्गम व उद्देश्य सात्विक होने पर कभी-कभी न्यायसंगत भी प्रतीत होते हैं, परन्तु जीवन-यात्रा का सफल समापन सुनिश्चित करने हेतु, अंततः सभी प्रकार के विकारों के बोझ से मुक्ति पाना आवश्यक है।

यहाँ सभी विकारों की प्रकृति के विस्तार में न जाकर सबसे निकृष्ट विकारों में से एक अर्थात 'क्रोध' पर बात करना उचित रहेगा।

1.2. क्रोध, सबसे बड़ा विकार

मन की इच्छा के प्रतिकूल कोई कार्य होने पर हताशा से उत्पन्न तीक्ष्ण मनोविकार को 'क्रोध' कहते हैं। यह वह अग्नि है, जो दूसरों को जलाने से पहले स्वयं उसी को जलाती है, जिसके मन में प्रज्ज्वलित होती है। इस विकार के वशीभूत हुये व्यक्ति का साथ बुद्धि अस्थायी रूप से छोड़ जाती है और जब तक वह इसके वश में रहता है, पशुओं की भाँति उसे अच्छे-बुरे का ज्ञान नहीं रह जाता।

इसलिए गलत कार्य करने से अच्छा है कि क्रोधावेश के उस छोटे-से अंतराल में कुछ किया ही न जाए। अतः जब भी क्रोध का अनुभव हो, अपनी प्रतिक्रिया को कुछ समय के लिए टाल दें, कोई निर्णय लेने, कुछ

कहने या करने से पहले थोड़ा रुक जाएँ और लम्बी–लम्बी सांस लें। इससे क्रोध नामक यह राक्षस कुछ समय पश्चात स्वयमेव बलहीन हो जाने के कारण, हमारा अहित नहीं कर सकेगा और फिर हमें अहसास होगा कि हम कितना गलत काम करने जा रहे थे!

यद्यपि, क्रोध की भावना यदि किसी न्यायोचित कारण से उत्पन्न हुयी हो, जैसे किसी निरीह प्राणी पर होते हुए अत्याचार को देखकर, या अपने साथ होने जा रहे अन्याय को भांपकर, जो उसे दबाना उचित नहीं है। परन्तु यह भावना उस कृत्य तक ही सीमित रहनी चाहिए, न कि उसके कर्ता के प्रति दुर्भावना में परिवर्तित हो तथा उस दुष्कृत्य का प्रतिकार होते ही स्वतः समाप्त भी हो जानी चाहिए।

यदि इसका सबसे सटीक उदाहरण देखना चाहें, तो रावण द्वारा सीताजी के अपहरण जैसा घोर अपराध करने के कारण श्रीराम उस पर क्रोधित तो अवश्य हुए, जो नितान्त स्वाभाविक था, परन्तु फिर भी उन्होंने न केवल सीताजी को वापस लौटा देने पर उसे क्षमा कर देने का प्रस्ताव कई अवसरों पर भिजवाया, बल्कि किसी से उसके विषय मे बात करते समय, उसके गुणों की प्रशंसा करने से भी नहीं चूके।

1.3. कैसे होंगे दूर विकार

यह सुनकर जिज्ञासु ने कहा कि आपने हमें उन विकारों तथा मानवीय दुर्बलताओं के विषय में विस्तार से बताया, जो जीव के आत्मिक उत्थान में बाधक हो सकते हैं। अब कृपाकर यह भी बताने का कष्ट करें कि इन पर विजय पाने के लिए हम क्या कर सकते हैं। ज्ञानी बोले कि वस्तुतः हर विकार का निवारण उसके उद्‌गम में ही छिपा होता है, अर्थात जो दोष जिस कारण से उत्पन्न होता हो, उसके विपरीत आचरण से उसे दूर किया जा सकता है। साथ ही भविष्य में विकार उत्पन्न होने की संभावना को समाप्त करने हेतु हमें अपने मन में कुछ आधारभूत संकल्प भी लेने होंगे, जैसे–

1.3.1. इस सृष्टि में जो कुछ भी है, वह सब उस सच्चिदानंद परब्रह्म का ही स्वरुप है। अतः न तो मैं किसी का शत्रु हो सकता हूँ और न ही कोई मेरा! इसलिए यहाँ जितने भी जीव हैं, मैं उन सभी के सुख की कामना करता हूँ। ऐसा विचार आत्मसात कर लेने के पश्चात किसी के प्रति ईर्ष्या,

द्वेष, घृणा, स्वार्थ, छल-कपट, विश्वासघात, कृतघ्नता आदि का भाव भी मन में कहाँ आ पायेगा?

1.3.2. मैं उस ईश्वर का प्रतिरूप हूँ, जो सर्वशक्तिमान है। अतः न तो कोई मेरा कुछ बिगाड़ सकता है और न ही मुझे किसी से भयभीत होने या चिंता, शोक आदि करने की आवश्यकता है।

1.3.3. चूँकि मैं सभी में ईश्वर का प्रतिबिम्ब देखूंगा, अतः न तो अब मेरा किसी से मिलन होगा और न ही बिछोह, क्योंकि जो आया है, वह भी वही है और जो चला गया, वह भी वही था। इसलिए मेरे पास जो पहले था, वही आज भी है, ठीक उसी प्रकार जैसे अनंत (या शून्य) में कुछ जोड़ दो या घटा दो, वह उतना ही रहता है। इससे काम, क्रोध, लोभ, मोह आदि का प्रतिकार होगा।

1.3.4. यहाँ जो कुछ भी हो रहा है, वह उसी के द्वारा अनुमोदित एक वृहत कार्य-योजना के अंतर्गत हो रहा है, इसलिए न तो मुझे किसी सफलता का श्रेय जाता है और न किसी असफलता के लिए मैं उत्तरदायी हूँ! अतः मेरे लिए निराशा, तृष्णा, अपेक्षा आदि का कारण ही कहाँ रह जाता है!

1.3.5. मैं मानता हूँ कि मेरे जन्म लेने से पहले भी ये दुनिया थी और मेरे जाने के बाद भी रहेगी। मैं तो इस व्यवस्था के लघुतम भाग में से एक हूँ, शायद उससे भी छोटा, जितना सातों सागरों में जल की मात्र एक बूँद, या विश्व के सारे मरुस्थलों में रेत का एक नन्हा सा कण! अतः मेरे द्वारा अहंकार, पाखण्ड आदि करने के लिए कोई कारण ही नहीं है।

1.3.6. मुझे जो भी कार्य करने को मिला है, मैं ईश्वर द्वारा सौंपा गया दायित्व समझकर, अपना सर्वोत्तम उसे दूंगा। परन्तु उसका परिणाम क्या होता है, यह मेरा सरोकार नहीं। इससे आलस्य तथा प्रमाद के भाव दूर होंगे।

1.3.7. मैंने अपने पिछले सभी जन्मों से लेकर आज तक, अच्छे-बुरे जो भी कर्म किये हों तथा आगे जो भी कर्म मैं करूँगा, वे सब मैं ईश्वर को अर्पण करता हूँ। उनके परिणामस्वरूप जो भी फल वो मुझे देगा, उसे मैं बिना किसी शिकायत के, उसका प्रसाद समझ कर स्वीकार करूँगा।

2. आवश्यक सामान साथ लेकर चलें

जैसे अपनी सामान्य यात्रा को सुविधाजनक बनाने के लिए हम कई तरह का सामान साथ लेकर चलते हैं, वैसे ही इस जीवन-यात्रा को सफल बनाने के लिए हमें कुछ गुणों को आत्मसात करने की आवश्यकता होती है। इनमें प्रमुख हैं, क्षमा, नम्रता, सहिष्णुता, करुणा, धैर्य, त्याग, संतोष, संयम, सरलता, निस्वार्थ-भाव, सेवा-भाव, परोपकार, उदारता, सद्‌भाव, सदव्यवहार, आदि। चलिए, अब इनमें से एक अति महत्वपूर्ण गुण, अर्थात क्षमा के बारे में विस्तार से चर्चा कर लेते हैं!

2.1. कल्याण-मार्ग में बड़ा सहायक गुण - क्षमा

किसी के द्वारा की गयी भूल, त्रुटि अथवा अपराध से उत्पन्न क्रोध को, स्वेच्छा व सद्‌भावनापूर्वक तथा बिना कर्ता के प्रति कोई दुर्भाव शेष रखे, मन से निकाल देना 'क्षमा' कहलाता है। इसके दो पहलू होते हैं- एक तो अपनी भूल के लिए क्षमा मांगना और दूसरा, किसी की भूल के लिए उसे क्षमा कर देना! ये दोनों ही कार्य कहने-सुनने में सरल प्रतीत हो सकते हैं, परन्तु वास्तव में बहुत कठिन हैं, क्योंकि इसके लिए बड़े उदार हृदय की आवश्यकता होती है।

जहां तक दूसरे से क्षमा माँगने की बात है, तो उसके लिए पहले अपनी भूल को स्वीकार करना होता है, जिसमें अहंकार आड़े आता है। अतः सच्चे हृदय से अपनी भूल स्वीकार करते ही व्यक्ति अहंकार पर विजय पाने की ओर अग्रसर हो जाता है, जबकि दूसरे से क्षमा माँगने पर उसमें नम्रता, सहिष्णुता, धैर्य आदि गुण स्वयमेव आने प्रारंभ हो जाते हैं। जाने-अनजाने अपने से हुए दुष्कर्म का प्रतिकार क्षमा मांगे बिना संभव नहीं होता।

इसी प्रकार दूसरों को क्षमा करने की बात है। यह दूसरे के द्वारा अपनी भूल स्वीकार कर क्षमा माँगने पर भी किया जा सकता है और उसके बिना मांगें, स्वतः अपनी ओर से भी! दोनों ही स्थितियों में क्षमा, पाने वाले से अधिक, करने वाले को लाभान्वित करती है, क्योंकि दूसरे की भूलों को याद करके जो कुढ़न, हताशा, घृणा आदि के भाव व्यक्ति के मन में आकर उसे जला रहे थे, वह उनसे मुक्त होकर बहुत हल्का अनुभव करने लगता है।

क्षमा करने के लिए स्वयं को उद्यत करने से पहले हमें स्वीकार करना होता है कि जो भूल दूसरे ने की है, वह हम भी करते हैं या कर सकते थे। ऐसी स्थिति में हम, जिसके अपराधी हैं उससे और साथ ही ईश्वर से भी अपेक्षा करते हैं कि वह हमें उन भूलों के लिए क्षमा कर दें। अतः पहले हमें दूसरों को क्षमा करके यह प्रमाणित करना होगा कि अब हम स्वयं भी क्षमा माँगने व पाने के अधिकारी हो चुके हैं।

क्षमा का जीवन में महत्व देखते हुए जैन धर्मावलम्बी प्रति वर्ष 'क्षमामणि' नामक एक पर्व मनाते हैं, जिसमें जाने-अनजाने दूसरों के प्रति की गयी भूलों के लिए सबसे क्षमा-याचना की जाती है। यह एक अनुकरणीय परंपरा है।

3. किसी की अकारण निंदा और अपने सत्कार्यों का अनावश्यक प्रचार न करें

कहते हैं कि दूसरे की निंदा और अपनी प्रशंसा से मीठा रस दुनिया में कोई नहीं होता। परन्तु इन रसों का सिर्फ स्वाद ही मीठा है, जबकि तासीर विषयुक्त होती है। अतः इन दोनों से ही बचने के लिए कहा जाता है। कारण यह कि यदि कोई द्वेषपूर्वक किसी की निंदा करता है, तो उसके पाप का कुछ अंश निंदा करने वाले पर हस्तांतरित हो जाता है। इसीलिए जहां स्वस्थ आलोचना से इतर, दूसरों की अनावश्यक निंदा से बचने की सलाह दी जाती है, वहीं अपने दोषों को छिपाने के स्थान पर उन्हें उजागर करना उत्तम बताया गया है, जिससे दूसरों की निंदा का पात्र बनकर उन भूलों का दंड हमें इस रूप में मिल जाए और हमारे पाप-कर्म क्षीण हो जाएँ।

इसी प्रकार जब कोई दूसरों के सत्कार्यों की, निःस्वार्थ भाव एवं हृदय से प्रशंसा करता है, तो उसके पुण्य का कुछ अंश प्रशंसा करने वाले पर हस्तांतरित हो जाता है। इसीलिए कहा जाता है कि जहाँ दूसरों के गुणों की निस्वार्थ प्रशंसा का कोई अवसर ना चूकें, वहीं अपने सत्कार्यों को छिपाकर रखें, ताकि दूसरों द्वारा की गयी प्रशंसा से वे क्षीण न हो जाएँ।

इस सन्दर्भ में कहा गया है, 'निंदक नियरे राखिये, आँगन कुटी छवाय, बिन पानी साबुन बिना, निर्मल करे सुभाय'' अर्थात आलोचक को अपने समीप ही रखना चाहिए, जिससे वह हमारी कमियों की ओर ध्यान आकृष्ट कर हमें उनके दूर करने का अवसर उपलब्ध करा सके, जबकि अपने सत्कार्यों को

करते ही भूल जाने का परामर्श देते हुए कहा गया, 'नेकी कर, दरिया में डाल'! इससे एक तो नेकी के बदले दूसरे से कुछ पाने की अपेक्षा हमारे मन में जन्म नहीं लेगी और दूसरे मिथ्या गर्व की भावना भी उत्पन्न नहीं होगी।

4. सदा अच्छे की आशा करें पर बुरे के लिए तैयार रहें

इस विषय पर अंग्रेजी की दो कहावतें प्रासंगिक हैं। पहली है 'Hope for the Best and prepare for the Worst' अर्थात सर्वोत्तम की आशा रखो परन्तु निकृष्टतम के लिए तैयार रहो। दूसरी कहावत अर्थात 'Man proposes, God disposes' पहली कहावत के पीछे छिपा तर्क हमें समझाती है, जिसके अनुसार मनुष्य सिर्फ सोच सकता है (कि क्या करना है) जबकि उसका निस्तारण ईश्वर करता है (कि क्या होना है)।

इसका सबसे ज्वलंत उदाहरण श्रीरामचरितमानस में आता है, जब महाराज दशरथ शुभ-मुहूर्त में अपने ज्येष्ठ पुत्र श्रीराम के राज्याभिषेक की आशा से उत्साहपूर्वक उत्सव की तैयारी कर रहे होते हैं, परन्तु उसी मुहूर्त में उन्हें श्रीराम को पत्नी तथा छोटे भाई के साथ वनवास के लिए जाते हुए देखना पड़ता है। अतः मनुष्य को सदा अच्छे की आशा (तथा प्रयास दोनों) तो अवश्य करते रहना चाहिए, परन्तु यदि किसी कारणवश परिणाम विपरीत निकले, तो उसे ईश्वर का निर्णय जानकर धैर्यपूर्वक स्वीकार करने के लिए भी मानसिक रूप से तैयार रहना चाहिए, तभी वह शान्ति से जीवन जी सकता है।

इसलिए भगवान कहते हैं कि करता तू वह है, जो तू चाहता है, परन्तु होता वह है, जो मैं चाहता हूँ। पर यदि तू वह करे, जो मैं चाहता हूँ, तो फिर वही होगा, जो तू चाहता है!

5. कर्म के बिना कुछ नहीं मिलता

वस्तुतः बिना कर्म किये प्राणी को जीवन में कुछ नही मिल सकता। शेर भी यदि शिकार के लिए प्रयास न करे और भाग्य के भरोसे बैठा रहे, तो सामने खड़े खरगोश को नहीं खा सकता, जैसाकि गोस्वामी तुलसीदास जी ने कहा है-

"सकल पदारथ हैं जग माहीं, कर्महीन नर पावत नाहीं"

अर्थात इस संसार में भोगने योग्य अनेकों पदार्थ हैं, परन्तु इनका आनंद कर्म से विमुख हुआ व्यक्ति नहीं ले सकता।

अतः हम जीवन में जो भी चाहते हैं, उसे प्राप्त करने के लिए हमें आवश्यक कर्म, अर्थात समुचित योजना बनाकर, जरूरी संसाधनों की व्यवस्था करके, पूर्ण लगन से, परिश्रम करते हुए, उसे हासिल करने का प्रयास करना ही होगा।

6. फल की चिंता न करें

विधाता ने जहां कुछ सीमाओं के भीतर मनुष्य को कर्म करने की पूर्ण स्वतंत्रता दी है, वहीं उसके परिणाम को अपने हाथ में ही रखा है। अतः मनुष्य को चाहिए कि जब कर्म करने का समय आये तो उसे पूर्ण मनोयोग से अपनी योग्यता व तात्कालिक परिस्थितियों के अनुसार अच्छे से अच्छे ढंग से संपन्न करे, जो उसके हाथ में है। परन्तु कर्म का जो भी फल मिले (परिणाम हो), असफलता की दशा में निराशा और सफलता की दशा में अभिमान को पास भी न फटकने दें, क्योंकि उस पर हमारा कोई नियंत्रण नहीं है। वस्तुतः किसी भी कार्य की सफलता या असफलता के पीछे बहुत से कारक होते हैं, अतः बुरे के लिए स्वयं को कोसना और अच्छे के लिए गर्व करने लग जाने का कोई औचित्य नहीं है।

उदाहरण के लिए, अपने व्यापार को सफल बनाने के लिए हम जी तोड़ मेहनत कर सकते हैं, जो हमारे हाथ में है। परन्तु उसमें लाभ होगा या हानि यह कई बातों पर निर्भर है, जैसे यदि उस वर्ष उस वस्तु, जिसमें हम व्यापार कर रहे हैं, की पैदावार अचानक अधिक हो जाए तो दाम घट जाने के कारण, अथक परिश्रम के बावजूद भी हमें नुकसान हो सकता हैं। अब इसके लिए हम कहाँ जिम्मेदार हैं? परन्तु अगर हम मेहनत न करते तो व्यापार में घाटा अधिक होता, जिसकी जिम्मेदारी हमारी ही होती। इसी कारण गोस्वामी तुलसीदास जी ने श्रीरामचरितमानस में कहा है-

'हानि, लाभ, जीवन, मरण, यश, अपयश विधि हाथ'

अर्थात हानि-लाभ, जीवन-मृत्यु और यश-अपयश, ये सभी विधाता के हाथ में हैं।

श्रीमद्भगवद्गीता में तो भगवान् श्रीकृष्ण ने जीवन में सफलता सुनिश्चित करने हेतु इस विचार पर बहुत अधिक जोर दिया है, जैसाकि उसके द्वितीय अध्याय, श्लोक 47 में वे कहते हैं-

कर्मण्येवाधिकारस्ते मा फलेषु कदाचन।
मा कर्मफलहेतुर्भुर्मा ते संगोऽस्त्वकर्मणि

अर्थात तेरा कर्म करने में अधिकार है, इसके फल में नहीं। (इसलिए) तू फल के प्रति आसक्त न हो या कर्म न करने के प्रति प्रेरित न हो।

7. ईश्वर की शरण में आयें

चूँकि माया के जाल में जकड़े तथा अज्ञान के अंधकूप में गिरकर पाप-रूपी पंक में आकंठ डूबे हुए जीव को, न तो वहां से निकलने के उपायों व अपने गंतव्य के विषय में कोई ज्ञान होता है और ना ही उसमें मुक्ति-पथ पर आने वाले अवरोधों का सामना कर पाने का धैर्य व सामर्थ्य होता है। अतः उसका हित इसी में है कि वह एक ऐसी परम सामर्थ्यवान शक्ति की शरण में चला जाए, जहां उसे निश्चिन्त होकर कल्याण-मार्ग पर आगे बढ़ने का अवसर प्राप्त हो सकें। इसके लिए अपने भक्तों को निमन्त्रण देते हुए, गीता के अष्टादश अध्याय, श्लोक 66 में भगवान् श्रीकृष्ण कहते हैं -

सर्व धर्मान्परित्यज्य मामेकं शरणं व्रज।
अहं त्वा सर्वपापेभ्यो मोक्षयिष्यामि मा शुचः।।

अर्थात सभी धर्मों को त्याग कर केवल (एक) मेरी शरण में आ जाओ, मैं तुम्हें सभी पापों से मुक्त कर दूँगा (निर्वाण प्रदान करूँगा), चिन्ता मत करो, शोक नहीं करो।

8. जीवन को सही दिशा देने के लिए ईश्वर से प्रार्थना करें

और अंत में अपनी जीवन-यात्रा को सही दिशा देने के लिए ईश्वर से बृहदारण्यकोपनिषद् वर्णित यह प्रार्थना करें-

असतो मा सद्गमय। तमसो मा ज्योतिर्गमय। मृत्योर्मामृतं गमय

अर्थात (हे ईश्वर!) मुझे असत्य से सत्य की ओर, अन्धकार से प्रकाश की ओर तथा मृत्यु से अमरता की ओर ले चलो।

इस प्रकार यदि उक्त बातों को अपने जीवन में अंगीकार कर लिया जाए, तो जीव शीघ्र ही आध्यात्मिक विकास की उच्च अवस्था को प्राप्त कर सकता है।

8.
ईश्वर के प्रति समर्पण का परिणाम

उक्त वृत्तांत सुनकर जिज्ञासु ने कहा कि आपके बताये संकल्प तो बहुत मूल्यवान हैं, फिर भी इनके विषय में जानकर मन में कुछ प्रश्न उत्पन्न हुए हैं, यदि आज्ञा हो तो पूछ लूँ। तब ज्ञानी से अनुमति पाकर जिज्ञासु ने निम्न प्रश्न पूछे -

i) यदि हम अपने अच्छे बुरे सभी कर्मों को ईश्वर को अर्पण कर देंगें, तो क्या वह हमारे पापकर्मों को क्षमा कर देगा? यदि ऐसा हुआ, तो क्या कर्म-फल का प्रामाणिक सिद्धांत यहाँ आकर निरर्थक नहीं हो जाएगा?

ii) यदि ईश्वर हमारे ऊपर दया कर ऐसा करता है, तो हमारे पापों का फल हमें न देने पर भी, क्या उसे न्यायी कहा जा सकेगा? परन्तु दूसरी ओर यदि वो मात्र कर्म के अनुसार ही फल देने की व्यवस्था करता है, तो फिर हम उससे दया की आशा कैसे करें? संक्षेप में कहें तो एक ही शक्ति एक साथ न्यायी तथा दयालु कैसे हो सकती है?

iii) यदि ईश्वर दयालु भी है और सर्वशक्तिमान भी, तो अपना सब-कुछ ईश्वर को अर्पण कर उसके द्वारा फल दिए जाने की प्रतीक्षा करने के स्थान पर हम स्वयं उससे अपने इच्छित सभी सुख मांग लें, तो क्या ये हमारे लिए अधिक सुखदायी नहीं होगा?

जिज्ञासु द्वारा पूछे गए प्रश्नों को सुनकर ज्ञानी विनोद-पूर्वक बोले कि ऐसा प्रतीत होता है कि आप सबके हृदय में उत्पन्न हो सकने वाली शंकाओं को भाँपकर पहले ही उनका समाधान प्रस्तुत कर देना चाह रहे हैं। चलिए, अब एक-एक कर आपके प्रश्नों पर चर्चा करते हैं -

1. ईश्वर को अर्पण कर देने के बाद कर्म-फल की स्थिति

सबसे पहले आपने पूछा कि यदि हम अपने अच्छे-बुरे सभी कर्मों को ईश्वर को अर्पण कर देंगें, तो क्या हमें उनका फल नहीं मिलेगा? तो इसका

उत्तर है कि उस स्थिति में भी अपने कर्मों का फल हमें अवश्य मिलेगा, क्योंकि वह तो अटल व्यवस्था है, जो पूरी होकर ही रहेगी। परन्तु हमारे ऐसा करने पर चूँकि हमें उस सर्वशक्तिमान का संरक्षण प्राप्त हो जाता है, अतः सम्बंधित जीव अपने कर्मों के अच्छे-बुरे फल के दोष से मुक्त हो जाएगा। इसलिए फिर उसे इस विषय में चिंता करने की आवश्यकता ही नहीं रह जाती।

1.1. समर्पण-पूर्व किये कर्मों का फल

इसको एक उदाहरण से स्पष्ट करने का प्रयास करते हैं। मान लीजिये, हम कड़ी सर्दी में बिना गर्म कपड़े पहने घर से बाहर निकल कर घूमने लगते हैं, जिसके परिणामस्वरुप हमें बुखार आ जाता है। अब यह तो हमारी असावधानी का फल है, जो हमें मिलेगा ही! परन्तु यदि हम एक योग्य डॉक्टर के पास जाकर इसकी औषधि लेते हैं और फिर घर जाकर अपनी माँ को बताकर कि हमें ठण्ड लग गयी है, उसकी गोद में निश्चिन्त होकर सो जाते हैं, तो एक तो हमारा बुखार कम समय में ठीक हो जाएगा, दूसरे फिर हमें इस विषय में चिंता करने की आवश्यकता नहीं रह जायेगी, क्योंकि हमारा शेष सभी दायित्व, जैसे हमारे माथे पर जल की पट्टी रखना, निर्धारित समय पर दवा देना और कुपथ्य से परहेज करवाना आदि कार्य वो बिना हमारे कहे स्वयं अच्छे से संभाल लेगी।

इसी प्रकार अपने सभी कर्म ईश्वर को अर्पण कर देने पर भी हमें समर्पण से पहले किये गए कर्मों का अच्छा-बुरा फल तो अवश्य मिलेगा, परन्तु एक तो वो हमें उसे सहने की शक्ति दे देगा और दूसरे उसका दुष्प्रभाव हमारे ऊपर नहीं पड़ेगा, जैसे सरोवर में रहते कमल के फूल पर कितनी भी कीचड़ लगी प्रतीत हो रही हो, परन्तु जब उसे बाहर निकालो तो साफ हुआ ही बाहर आता है।

1.2. समर्पण के पश्चात किये जाने वाले कर्मों का फल

जहां तक समर्पण के पश्चात किये गए कर्मों का प्रश्न है, तो यदि वे सभी निष्काम भाव से, मात्र अपने कर्तव्य पूर्ति हेतु, शुद्ध हृदय से, ईश्वर के निमित्त किये जाते हैं, तो उनके फल के दोष से कर्ता उसी प्रकार मुक्त रहता है, जैसे कोई प्रतिनिधि (Agent) यदि अपने स्वामी (Principal)

के आदेश पर, उसके लिए तथा उसके द्वारा दिए गए निर्देशों के अनुसार, सद्‌भावनापूर्वक व नियमों का पालन करते हुए कोई कार्य करे, तो कानून की नजर में वह कार्य स्वामी के द्वारा किया हुआ माना जाता है, न कि प्रतिनिधि द्वारा! अतः उसका दायित्व प्रतिनिधि पर नहीं आता।

1.3. ईश्वर की ओर से आश्वासन

श्रीमद्‌भगवद्‌गीता के द्वादश अध्याय, श्लोक 6 तथा 7 में इस विषय पर भगवान श्रीकृष्ण कहते हैं-

ये तु सर्वाणि कर्माणि मयि सन्नयस्य मत्परा।
अनन्येन नैव योगेन मां ध्यायन्त उपासते ।।6।।
तेषामहं समुद्धर्त्ता मृत्युसंसारसागरात्।
भवामि न चिरात्पार्थ मय्यावेशितचेतसाम् ।।7।।

अर्थात हे अर्जुन! मेरे परायण रहने वाले जो भक्तजन सम्पूर्ण कर्मों को मुझ में अर्पण करके मुझ सगुण रूप परमेश्वर को ही अनन्य भक्तियोग से निरन्तर चिन्तन करते हुए भजते हैं, उन प्रेमी भक्तों का मैं शीघ्र ही मृत्युरूप संसार-सागर से उद्धार करने वाला होता हूँ।

1.4. ईश्वर के निर्णय पर भरोसा करें

एक बार यदि हम ईश्वर को समर्पित कर सर्वोत्तम ढंग से अपने कार्य को संपन्न कर लें, तो फिर उसके परिणाम के विषय में चिंतित न हों। उसका फल अच्छा तो निश्चित रूप से ही होगा, जो सामान्यतः हमें पसंद भी होगा। फिर भी कुछ मामलों में ऐसा हो सकता है कि पहली नजर में हमें वह अच्छा न लगे, परन्तु उसमें भी कहीं गहरे हमारा हित ही छिपा होगा। अतः ईश्वर को अर्पण कर कर्म करने का लाभ तभी है, जब हम उसके निर्णय को हृदय से स्वीकार करें।

इस सन्दर्भ में एक दृष्टांत दिया जाता है, जिसके अनुसार, एक राजा का मंत्री ईश्वर पर अटूट विश्वास रखता था और अपना कर्म अच्छे से संपन्न करने के बाद निश्चिंत होकर कह देता था कि इसका जो भी फल ईश्वर देंगें, वो निसंदेह अच्छा ही होगा। यद्यपि राजा मंत्री का बहुत आदर करता था, परन्तु उसकी इस धारणा पर उसका विश्वास नहीं था।

एक दिन राजा मंत्री को साथ लेकर जंगल में शिकार खेलने जा रहा था कि तलवार की धार को परखने के लिए उस पर उंगली फिराकर देखने लगा। तभी उसकी उंगली का अगला हिस्सा कटकर गिर पड़ा। राजा दर्द से कराह उठा और बोला कि देखो ईश्वर ने ये क्या किया! मंत्री हाथ जोड़कर बोला, महाराज आपको कष्ट हुआ, उसके लिए तो मुझे भी बहुत दुःख है, परन्तु शायद ईश्वर ने इसमें भी कुछ अच्छा ही सोचा होगा। यह सुनते ही राजा क्रोध से भर गया और अपने सिपाहियों को बुलाकर मंत्री को जेल में डालने का हुक्म सुनाकर अकेला ही शिकार खेलने चला गया।

संयोगवश जंगल में भटक कर वह दूसरे राज्य की सीमा में नरभक्षीयों के बीच पहुँच गया। वे लोग कोई पर्व मना रहे थे, जिसमें उन्हें किसी स्वस्थ पुरुष की बलि देनी थी। अकेला पाकर उन्होंने राजा को पकड़ लिया और पुजारी के पास ले गए। परन्तु जैसे ही पुजारी की निगाह राजा की कटी उंगली पर पड़ी, उसने कहा कि अंगभंग हो जाने के कारण यह बलि के लिए उपयुक्त नहीं है, अतः इसे छोड़ दिया जाए।

उनकी कैद से मुक्त हो, नया जन्म पाकर राजा वापिस लौटा और मंत्री से मिलकर उसे कैद करने के लिए क्षमा माँगने लगा। परन्तु मंत्री ने कहा कि महाराज जैसे आप की उंगली कटवाकर ईश्वर ने आपकी जान बचाई, मुझे कैद में डलवाकर मेरी जान भी बचाई, क्योंकि यदि आप मुझे अपने साथ शिकार पर ले जाते तो आप तो अंगभंग होने के कारण बच गए, परन्तु पूर्ण स्वस्थ होने के कारण मेरी बलि अवश्य चढ़ा दी जाती। यह सुनकर राजा को ईश्वर के निर्णय पर भरोसा उत्पन्न हो गया और उसने मंत्री को पुरस्कृत भी किया।

2. क्या कोई शक्ति एक साथ न्यायी व दयालु, दोनों हो सकती है?

दूसरे प्रश्न में आपने पूछा है कि एक ही शक्ति एक साथ न्यायी तथा दयालु कैसे हो सकती है। तो यदि गहराई में जाकर सोचें, तो ईश्वर के सन्दर्भ में आप इनमें कोई अंतर्विरोध नहीं पायेंगें। जैसाकि हमने पहले प्रश्न के उत्तर में जाना कि अपने कर्मों का फल तो हमें हर स्थिति में मिलेगा ही, तो यह उसके न्यायी होने का प्रमाण हुआ और अपनी शरण में आने

वाले को कर्म-फल के प्रभाव से मुक्त कर कल्याण-मार्ग पर ले चलने का आश्वासन देकर वो हमें दया की पराकाष्ठा भी दिखा ही रहा है।

3. ईश्वर से मनचाहा मांग लें, या उसके ऊपर छोड़ दें

अब आता है अंतिम प्रश्न कि क्या हमें सब-कुछ ईश्वर के ऊपर छोड़कर निश्चिन्त हो जाना चाहिए या फिर अपनी इच्छानुसार अपना अभीष्ट स्वयं उससे मांग लेना चाहिए! तो इसके उत्तर में बिना अधिक विचार किये कहा जा सकता है कि उसके ऊपर सब-कुछ छोड़ देना ही हमारे हित में है, जैसाकि निम्न विवेचन से स्पष्ट है -

3.1. अभिभावक द्वारा संतान के हित की चिंता

जिस प्रकार हम अपने परिवार में भी देखते हैं कि जो बच्चा अपने माता -पिता से अपनी इच्छित वस्तुओं की मांग करता रहता है, उसकी इच्छाएं तो वे पूरी करते ही हैं, परन्तु जो बच्चा उनसे कभी कुछ नहीं मांगता, उसका वे यह सोचकर विशेष ध्यान रखते हैं कि ये स्वयं तो कुछ मांगेगा नहीं, अतः इसकी आवश्यकताओं का ख्याल हमें खुद ही रखना होगा। फिर जब ध्यान रखने वाला स्वयं सृष्टि का स्वामी हो, तो फिर भला कौन सा अभाव उसे हो सकता है, जैसाकि गीता के नवम अध्याय श्लोक 22 में भगवान श्रीकृष्ण ने भी कहा है -

अनन्याश्चिन्तयन्तो मां ये जनाः पर्युपासते।
तेषां नित्याभियुक्तानां योगक्षेमं वहाम्यहम्।।

अर्थात जो अनन्य भक्त मेरा चिन्तन करते हुए मेरी उपासना करते हैं, मेरे में निरन्तर लगे हुए उन भक्तों का योगक्षेम (अप्राप्त की प्राप्ति और प्राप्त की रक्षा) मैं वहन करता हूँ।

3.2. हम स्वयं नहीं जानते कि हमारा हित किसमें है

ईश्वर की माया इतनी विचित्र है कि हम स्वयं नहीं जान पाते कि हमारे हित में क्या है। हो सकता है कि हमारी इन्द्रियों को प्रिय लगने वाली जिस वस्तु की इच्छा हम कर रहे हैं, वह हमारा अहित करने वाली ही हो! अतः इसका निर्णय उसी पर छोड़ देना उत्तम है, जो जानता है कि वास्तव में हमारा हित किसमें है। रामचरितमानस में प्रसंग आता है कि जब हरिमाया-रचित

सुंदरी के रूप से मोहित होकर उसे पाने के लिए देवर्षि नारद ने भगवान से प्रार्थना की कि-

जेहि बिधि नाथ होइ हित मोरा, करहु सो बेगि दास मैं तोरा।

अर्थात हे नाथ! जिसमें मेरा हित हो, आप शीघ्र वही कीजिए, मैं आपका दास हूँ।

तब भगवान ने उत्तर दिया कि -

कुपथ माग रुज ब्याकुल रोगी, बैद न देइ सुनहु मुनि जोगी।

एहि बिधि हित तुम्हार मैं ठयऊ, ...।।

अर्थात हे योगी मुनि! सुनिए, रोग से व्याकुल रोगी कुपथ्य माँगे तो वैद्य उसे नहीं देता। इसी प्रकार मैंने भी तुम्हारा हित करने की ठान ली है............।

3.3. दान की प्रकृति दाता और याचक पर निर्भर

किसी से क्या मांगा जाए और किसे क्या दिया जाए, यह याचक व दाता दोनों की सोच तथा हैसियत पर निर्भर करता है। कोई भिखारी किसी से भी स्वभाववश दो-चार रुपये पाने की आशा रखेगा, परन्तु किसी बड़े जनोपयोगी कार्य का बीड़ा उठाने वाले समाजसेवी, बड़े योगदान की आशा से ही कहीं जायेंगे। इसी प्रकार किसी सामान्य व्यक्ति से कोई दस-पांच रुपये पाने की आशा रखेगा, जबकि किसी बड़े सेठ से इतनी राशि की अपेक्षा करना, उल्टा उनका अनादर ही कहलायेगा।

वस्तुतः, कई बार याचक को मालूम ही नहीं होता कि दाता उसे क्या दे सकता है, या फिर क्या देना चाहता है और वह अज्ञानतावश कोई तुच्छ वस्तु मांग बैठता है। इसी पर आधारित एक कथा में एक राजा ने प्रसन्न होकर किसी निर्धन विद्वान से कुछ माँगने के लिए कहा। पहले तो उस विद्वान के मन में आया कि राजा से 100 रुपये मांग लिए जाएँ, फिर 500 रुपये का विचार आया, परन्तु कहीं इतनी बड़ी राशि सुनकर राजा नाराज न हो जाए, यह सोचकर उन्होंने कहा कि महाराज आप स्वयं जो उचित समझें, मुझे दे दें। तब अपने स्वभाव के अनुसार और विद्वान की प्रतिभा के अनुकूल, राजा ने उन्हें 50000 स्वर्ण मुद्राएँ तथा एक गाँव की भूमि देने का आदेश दिया, कहाँ वे स्वयं 500 रुपये माँगने में भी झिझक रहे थे।

अतः जब ईश्वर से कुछ माँगने की बात आये, तो उससे नश्वर सांसारिक वस्तुओं की चाह रखना कोई बुद्धिमानी नहीं है, क्योंकि एक तो ये स्थायी रूप से हमारे पास टिक नहीं सकती और साथ ही इन्हें तो किसी अन्य से भी मांगा जा सकता है। अतः यदि ईश्वर से कुछ मांगना ही हो, तो या तो उसके ऊपर ही छोड़ दें, अन्यथा वह, अपने योगक्षेम के अतिरिक्त, केवल उसका स्थायी सानिध्य ही है, जो उसकी प्रतिष्ठा के अनुरूप होने के साथ-साथ, किसी और के द्वारा दिया जा सकना संभव भी नहीं है।

परन्तु जहां तक अन्य किसी से कुछ माँगने की बात है, तो हमारे विचार में याचना उससे की जानी चाहिए, जो स्वयं किसी दूसरे से कोई आशा न रखता हो। अब ऐसा दाता तो केवल ईश्वर ही हो सकता है!

9.
आने वाले पड़ाव की तैयारी

ज्ञानी की बात पूर्ण होने पर जिज्ञासु बोले कि जीवन-यात्रा की सफलता सुनिश्चित करने हेतु अनेक उपयोगी टिप्स तो आपने हमें दिए, अब कृपया यह भी बताएं कि आने वाले पड़ाव अर्थात मृत्यु के लिए तैयारी किस प्रकार की जाए, जिससे एक तो इसके प्रति मन में समाया भय समाप्त हो जाए और जाते समय मन में कोई पछतावा भी न रहे।

1. चाहे डरें, या निश्चिंत रहें, पड़ाव तो आयेगा ही

ज्ञानी बोले कि इस दुनिया में लगभग सभी घटनाएं ऐसी हैं, जिनके होने या ना होने की गारंटी कोई नहीं ले सकता। यहाँ तक कि अटल समझे जाने वाले विज्ञान के ज्ञात नियमों के अपवाद भी कभी-कभार सामने आते देखे गए हैं। परन्तु अगर यहाँ कोई घटना ऐसी है, जिसका होना सर्वथा निश्चित है, तो वह है, जन्म लेने वाले प्राणी की मृत्यु! परन्तु आश्चर्य इस बात पर होता है कि इस एकमात्र निश्चित घटना के प्रति ही हम सबसे ज्यादा उदासीन रहते हैं और उसके बारे में सोचने व बात करने से भी कतराते हैं। इसलिए आज इस अवसर का लाभ उठाकर हम इस विषय पर गहन चर्चा करने का प्रयास करेंगें।

2. कारण के आधार पर घटना के प्रकार

यदि हम मृत्यु होने के कारण के आधार पर विवेचना करें, तो पायेंगें कि यह दो प्रकार से हो सकती है। पहली किसी रोग, दुर्घटना, हत्या, आत्महत्या आदि के कारण हुई आकस्मिक मृत्यु, जिसे अकाल-मृत्यु कहते हैं और दूसरी आयु पूर्ण हो जाने पर, अर्थात वृद्धावस्था में, कर्मेन्द्रियों द्वारा काम करना बंद कर दिए जाने के कारण होने वाली स्वाभाविक मृत्यु!

जहां तक अकाल-मृत्यु का प्रश्न है, तो यह निसंदेह भय, शोक व संताप का कारण होती है तथा इससे बचने की चेष्टा करना प्राणी का अधिकार भी है और कर्तव्य भी! किन्तु स्वाभाविक मृत्यु को भी विषादपूर्ण घटना मानकर नजरंदाज करने का कोई लाभ नहीं है। जैसे बिल्ली को देखकर कबूतर आँख बंद कर ले, तो भी वह उससे बच नहीं सकता, उसी प्रकार चाहे हम स्वाभाविक मृत्यु के विषय में सोचना व बात करना पसंद करें या न करें, घटना तो अपने निर्धारित समय पर होकर ही रहेगी।

3. मृत्यु का समय, स्थान व कारण निश्चित है

मान्यता है कि अकाल-मृत्यु तो किसी भयंकर दुष्संयोग का परिणाम होती है, जिसे ईश्वर की कृपा प्राप्त कर टाला जा सकता है। परन्तु स्वाभाविक मृत्यु का समय, स्थान व कारण पूर्वनिश्चित होते हैं, जिनमें किसी भी परिस्थिति में कोई परिवर्तन नहीं किया जा सकता।

इस विषय पर एक पौराणिक कथा आती है, जिसके अनुसार एक बार भगवान विष्णु गरुड़ पर बैठकर कैलाश पर्वत पहुंचे। गरुड़ को द्वार पर छोड़कर वे भगवान शिव से मिलने अंदर चले गए और गरुड़ वहां बैठकर कैलाश की अपूर्व शोभा निहारने लगे। तभी उनकी दृष्टि एक छोटी-सी सुन्दर चिड़िया पर पड़ी, जिसे देखकर वे आनंदित हो गए। उसी समय मृत्यु के देवता यमराज भी कैलाश पहुंचे और उस चिड़िया को देखकर आश्चर्यचकित से हो गए और फिर चुपचाप अंदर चले गए। इससे गरुड़ को लगा कि शायद उस पक्षी का अंत निकट है और यमराज यहाँ से जाते हुए उसे अपने साथ यमलोक ले जायेंगे।

चूँकि, गरूड़ चिड़िया को मरता हुआ नहीं देखना चाहते थे, इसलिए उन्होंने उसे अपने पंजों में दबाया और वहां से हजारों कोस दूर एक चट्टान पर छोड़कर वापिस कैलाश पर आ गए। जब यमराज बाहर आए तो गरुड़ ने उनसे पूछा कि उन्होंने उस चिड़िया को इतनी आश्चर्य भरी नजर से क्यों देखा था। यमराज बोले कि जैसे ही मेरी दृष्टि उस पर पड़ी, तो मुझे आभास हुआ कि कुछ ही पल बाद वो यहां से हजारों कोस दूर एक नाग द्वारा खा ली जाएगी। परन्तु मैं इसलिए सोच में पड़ गया कि वो इतनी जल्दी, इतनी दूर कैसे पहुँच पाएगी! तभी तुमने स्वयं उसे उस स्थान पर पहुंचा कर विधि के विधान को पूरा करने में मदद कर दी।

गरुड़ समझ गये कि मृत्यु का समय, स्थान व कारण पूर्व-निश्चित है, जिसे किसी के द्वारा बदला नहीं जा सकता, चाहे कितनी भी चतुराई क्यों न की जाए!

4. जो निश्चित है, उससे डरना कैसा?

जैसाकि उपरोक्त कथा से स्पष्ट होता है कि जिस समय, स्थान व कारण से किसी प्राणी की मृत्यु होनी है, वह विधि द्वारा पूर्व-निर्धारित है और उसे कोई बदल नहीं सकता। चूँकि यह स्थिति किसी एक के लिए नहीं बल्कि सभी प्राणियों के लिए है, अत: उसके विषय में चिंता करने का न तो कोई औचित्य है और न ही उससे कोई लाभ होने वाला है। प्रसिद्ध शायर मिर्जा गालिब का एक शेर है-

मौत का एक दिन मुअय्यिन है, नींद क्यों रात भर नहीं आती

अर्थात मृत्यु के लिए विधाता द्वारा एक समय निश्चित कर दिया गया है, फिर रात-दिन इसकी चिंता में घुलते रहने से भला क्या लाभ है?

उल्टा, यह हमारे आत्म-विश्वास में बढ़ोतरी करने में सहायक हो सकती है, क्योंकि जब तक वह समय नहीं आएगा, कोई भी दुष्ट-शक्ति हमारा अनिष्ट नहीं कर पाएगी और जब आ जाएगा, तो कोई उसे रोक नहीं सकेगा। अत: हम अपने पास उपलब्ध समयावधि के भीतर कल्याण-मार्ग पर आगे बढ़ते जाने का अपना लक्ष्य निश्िंचत होकर पूरा कर सकते हैं।

इस विषय पर लेखक को अपनी दादी जी द्वारा बचपन में सुनाया गया एक रोचक वृत्तांत याद आता है, जिसके अनुसार एक बार किसी दुर्बल व्यक्ति को एक बलशाली राक्षस ने पकड़ लिया और उसे खाने को हुआ। घबराकर उस व्यक्ति ने राक्षस से विनती की कि मैं तो बहुत दुर्बल हूँ, अत: मुझे खाने से तुम्हारी भूख नहीं मिटेगी। परन्तु यदि तुम मुझे छोड़ दोगे तो मैं तुम्हारी सेवा करता रहूंगा। राक्षस ऐसा करने के लिए राजी हो गया।

जब उस व्यक्ति से सेवा कराते काफी समय बीत गया, तो एक दिन प्रसन्न होकर राक्षस बोला कि तुम अपनी आजादी को छोड़कर मुझसे जो चाहो, मांग लो। दुर्बल व्यक्ति बोला कि आप मेरी शेष आयु के विषय में मालूम कर बता दें। राक्षस ने अपनी दिव्य शक्ति का प्रयोग कर बताया कि उसे अभी 50 वर्ष और जीना है। इस पर उस व्यक्ति ने पूछा कि क्या इन

50 वर्षों में से कुछ समय बढ़ाया या घटाया नहीं जा सकता? राक्षस ने उत्तर दिया कि प्राणी की जो आयु विधाता द्वारा उसके जन्म के समय ही लिख दी जाती है, उसे कोई नहीं बदल सकता, यहाँ तक कि स्वयं विधाता भी नहीं।

इतना सुनना था कि दुर्बल व्यक्ति में जाने कहाँ से ताकत आ गयी और वह लाठी लेकर ये कहते हुए राक्षस को मारने दौड़ पड़ा कि जब 50 वर्ष से पहले मुझे कोई मार ही नहीं सकता, तो मैं क्यों व्यर्थ तुमसे डरकर तुम्हारी गुलामी करूँ? बस फिर क्या था, बाजी पलट गयी। अब राक्षस आगे भाग रहा था और दुर्बल से पहलवान बन चुका व्यक्ति, उसके पीछे!

5. विचार के सकारात्मक पहलू का लाभ उठायें

इसलिए हमारा हित इसी में है कि हम, विवशतावश ही सही, मृत्यु को याद करके डरने के स्थान पर, इसके कुछ प्रमुख सकारात्मक पहलुओं का लाभ उठायें, जो इस प्रकार हैं-

5.1.पहला, मृत्यु का विचार हमें जीवन की नश्वरता के विषय में याद दिलाकर पाप-कर्म करने और गलत ढंग से धन अर्जित करने से रोकता है।

5.2.दूसरे, ये हमें इस छोटी-सी अनिश्चित अवधि में जल्द से जल्द और अधिक से अधिक सत्कर्म करने के लिए प्रेरित करता है।

5.3.तीसरे, ये हमें किसी व्यक्ति अथवा भौतिक वस्तु के मोह-जाल से दूर रहने हेतु सावधान करता है।

5.4.चौथे, इसे हम जीवन से जुड़े उन गंभीर प्रश्नों, जिनके विषय में सोच-सोचकर मनुष्य पूरा जीवन भ्रमित ही रहता है, के उत्तर पाने के अवसर के रूप में देख सकते हैं, और

5.5.पांचवें, यदि इसे जीवन का अंत न मानकर, परब्रह्म से मिलन के पर्व के रूप में देखा जाए, तो मन में इसके प्रति व्याप्त भय समाप्त हो जाएगा और उसका स्थान ईश्वर से होने वाले साक्षात्कार की उत्कंठा ले लेगी।

6. पड़ाव की तैयारी

अत: जिस प्रकार एक सामान्य यात्रा (जो किसी कारणवश टल भी सकती है) के दौरान कहीं रुकने के लिए हम सावधानीपूर्वक इतनी तैयारी करते है, जीवन-यात्रा के अगले पड़ाव अर्थात मृत्यु (जिसका होना तो

निश्चित ही है, केवल उसका समय ज्ञात नहीं है), के लिए हमें आज नहीं, बल्कि अभी से ही, तैयारी आरम्भ करनी होगी। तो चलिए विचार करते हैं, उन आवश्यक बातों के विषय में-

6.1. लम्बे, स्वस्थ जीवन के लिए ईश्वर से प्रार्थना करें

चूँकि जीवन-मृत्यु पूर्णतया ईश्वर के हाथ में है, अतः सबसे पहले हम उनसे प्रार्थना करें कि वे हमारी, हमारे स्वजनों तथा अन्य सभी प्राणियों की अकाल-मृत्यु से रक्षा करें तथा उन तक पहुँचने के एकमात्र साधन अर्थात मानव जीवन के रूप में मिला यह अमूल्य अवसर, हमें भरपूर समय के लिए उपलब्ध कराने की कृपा करें। अथर्ववेद वर्णित ऐसी एक प्रार्थना इस प्रकार है-

पश्येम शरदः शतम्, जीवेम शरदः शतम्।
बुध्येम शरदः शतम्, रोहेम शरदः शतम्.....।।

अर्थात हमारे नेत्र सौ वर्षों तक देखने योग्य रहें, हम सौ वर्ष तक जियें, मानसिक तौर पर स्वस्थ रहें तथा उन्नति को प्राप्त करते रहें..........।

6.2. आवागमन तथा कष्टदायक मृत्यु से मुक्ति हेतु प्रार्थना

जहां तक स्वाभाविक मृत्यु का प्रश्न है, जिस प्रकार गर्भाधान से लेकर जन्म लेने तक अत्यंत जटिल जीवन-क्रिया के सभी चरणों का एक-एक कर प्रारम्भ होना न केवल जननी, वरन स्वयं जातक के लिए भी अत्यंत कष्टसाध्य होता है, मृत्यु से पूर्व उन सभी क्रियाओं का शनैः-शनैः बंद होना, उससे भी अधिक कष्टकारक होता है। इसीलिए ईश्वर से विनती की जाती है कि वे हमारे लिए मृत्यु की क्रिया को सरल बनाने तथा हमें बार-बार जन्म लेने और मृत्यु को प्राप्त होने की कष्टदायक प्रक्रिया से सदा के लिए मुक्त करने की कृपा करें, जिसे यजुर्वेद के रूद्र-अध्याय में परम शक्तिशाली महामृत्युंजय मंत्र के माध्यम से इस प्रकार व्यक्त किया गया है-

ॐ त्र्यम्बकं यजामहे सुगन्धिं पुष्टिवर्धनम्।
उर्वारुकमिव बन्धनान् मृत्योर्मुक्षीय मामृतात्।।

अर्थात हम तीन नेत्र वाले भगवान शंकर की पूजा करते हैं, जो प्रत्येक श्वास में जीवन-शक्ति का संचार करते हैं तथा सम्पूर्ण जगत का

पालन-पोषण अपनी शक्ति से कर रहे हैं। उनसे हमारी प्रार्थना है कि जिस प्रकार एक ककड़ी अपनी बेल में पक जाने के उपरांत उस बेल-रूपी बंधन से मुक्त हो जाती है, उसी प्रकार हम भी इस संसार-रूपी बेल में पक जाने के उपरांत शरीर को त्यागकर, जन्म-मृत्यु के बंधनों से सदा के लिए मुक्त होकर, आपके चरणों की अमृतधारा का पान करते हुए, आप ही में लीन हो जाएं और मोक्ष प्राप्त कर लें।

6.3. किसी भी कार्य को अपूर्ण न छोड़ें तथा जीवन के हर पल का आनंद लें

यह जीवन इतना अनिश्चित है कि किसकी यात्रा कब समाप्त हो जायेगी, कोई नहीं जानता। कभी चलती ट्रेन से गिरकर भी कोई व्यक्ति सुरक्षित बच जाता है, तो कभी हर प्रकार की सुरक्षा में निश्चिंत बैठा स्वस्थ व्यक्ति बिना किसी प्रत्यक्ष कारण के अचानक दम तोड़ देता है। इसी प्रकार आयु का भी मृत्यु से कोई सीधा सम्बन्ध दृष्टिगोचर नहीं होता, जब 80-90 वर्ष के वृद्ध महामारी से ग्रसित होकर भी जीवित बच जाते हैं, जबकि 20-25 वर्ष का युवा, जरा से बुखार में दुनिया छोड़ देता है। कहने का तात्पर्य यह है कि कोई भी व्यक्ति जो इस समय जीवित है, अगले एक पल के लिए भी अपने जीवन की निश्चितता के विषय में दावा नहीं कर सकता।

ऐसे में प्रश्न उठता है कि इतनी अनिश्चितता के बीच हम अपनी जीवन-यात्रा किस मनःस्थिति में पूरा करें? क्या हमें बस 'आज' या 'अभी' में जीना चाहिए और 'कल' के विषय में न तो कोई योजना बनानी चाहिए और न ही उससे कोई आशा रखनी चाहिए? तो हमारे विचार में ऐसा नहीं है! हमें कल की ही नहीं, आगे तक की योजना भी बनानी चाहिए और भरपूर आशा भी रखनी चाहिए। परन्तु हम अपनी योजनाओं का खाका इस प्रकार तैयार करें, जिसमें आज किये जाने वाले कार्यों का स्पष्ट उल्लेख हो। फिर हमें बस यह सुनिश्चित करना होगा कि आज के लिए निर्धारित कोई भी कार्य कल पर न टले और साथ ही हम जो कुछ भी करें, उसके एक-एक पल का आनंद लें, जिससे मृत्यु कभी भी आ जाए, पर हमें ये अफसोस न रहे कि हमारा अमुक काम तो अधूरा रह गया या हम जीवन के अमुक सुख से वंचित ही रह गए!

वस्तुतः काम (कार्य) और सुख, ये दोनों सतत प्रक्रिया हैं, जिनका एक लक्ष्य पूरा होते ही, दूसरा सामने आ जाता है। अतः जीवन कितना भी मिल जाए, हमारा कोई न कोई काम तथा किसी न किसी सुख की चाह हमेशा अधूरी ही रहेगी। इसलिए यदि हम अपना रोज का कार्य रोज पूरा करते रहें, तो हमें यह संतोष रहेगा कि आज तक जितना समय हमें मिला था, उसमें जो संभव था, हमने किया और जीवन के हर पल का भरपूर आनंद भी उठाया, अब ईश्वर का बुलावा आ गया है, तो हम सहर्ष चलने के लिए तैयार हैं।

6.4. अंत समय की व्यग्रता से बचें

कहते हैं कि अंत समय में मनुष्य को अपने जीवनभर के सभी कर्मों का एक-एक कर स्मरण हो आता है, जिनमें पाप-कर्मों की स्मृतियां पछतावे का कारण बनती है। चूँकि उस समय किसी भूल का सुधार करना संभव नहीं होता, अतः व्यर्थ की व्यग्रता से बचने हेतु आवश्यक है कि पहले ही जीवन में हर कार्य भली-भांति सोच-समझ कर किया जाए।

6.5. परलोक के लिए बचत करें

जिस प्रकार इस दुनिया में अपना भविष्य सुरक्षित करने के लिए हम बचत करते हैं, उसी प्रकार हमें परलोक के लिए भी धन-संचय करना होगा। परन्तु ध्यान रहे कि यह संचय उसी मुद्रा में हो, जो वहां चलती है। जैसे भारत में रूपया और अमेरिका में डॉलर चलते हैं, उसी प्रकार परलोक के लिए बचत 'सत्कर्म' रुपी मुद्रा में करनी होगी, क्योंकि वहां कागज पर छपे नोट नहीं चलते!

6.6. अपने पास उपलब्ध धन का सदुपयोग करें

धन के अर्जन का मानव जीवन में क्या महत्व है, यह इसी बात से स्पष्ट हो जाता है कि इसे मनुष्य के चार पुरुषार्थों अर्थात धर्म, अर्थ, काम एवं मोक्ष में द्वितीय स्थान पर रखा गया है। परन्तु धन बड़ी कठिनाई से अर्जित होता है, अतः उसको खर्च भी सावधानी-पूर्वक करना चाहिए। फिर भी साधन-संपन्न होते हुए, अपना तथा अपने परिजनों का मन मारकर जीने तथा किसी विपत्तिग्रस्त व्यक्ति की सहायता से विमुख होकर रहने से भी कोई लाभ नहीं है, क्योंकि जो धन एक न एक दिन हमारे हाथ से चला ही जायेगा

(मृत्यु के पश्चात सब-कुछ यहीं रह जाना है), उससे अपना स्वामित्व रहते, स्वेच्छापूर्वक सबके लिए खुशियाँ बटोर लाने में ही बुद्धिमानी है।

अथर्ववेद में कहा गया है -

शतहस्त समाहर सहस्रहस्त सं किर ।
कृतस्य कार्यस्य चेह स्फातिं समावह।।

अर्थात हे ईश्वर ! आप सैकड़ों हाथों से हमें पवित्र धन दें और हम इस जीवन में समृद्धि को प्राप्त कर अपने कर्तव्यों का पालन करते हुए, हजारों हाथों से उसे दान करें।

इसलिए सात्विक साधनों का प्रयोग कर जितना हो सके धन अर्जित करें। फिर धन की उपलब्धता के अनुसार, अपनी तथा अपने परिजनों की आवश्यकता पूर्ति हेतु उसे खर्च करें और भविष्य की जरुरत का अनुमान लगाकर योजनाबद्ध ढंग से बचत भी करें। इसके बाद शेष बचे धन में से समय-समय पर वंचित प्राणियों की भलाई हेतु उदारता-पूर्वक खर्च करते रहें, क्योंकि दूसरों का दुःख दूरकर या उन्हें सुख पहुंचा कर जो आनंद स्वयं हमें मिलता है, वह अवर्णनीय है।

कभी किसी भूखे को खाना खिलाकर, प्यासे को पानी पिलाकर, निराश्रित को छत देकर, ठण्ड में ठिठुरते को वस्त्र पहना कर, बीमार को दवा या घायल को उपचार दिलाकर, एक क्षण के लिए सामने वाले के स्थान पर स्वयं को रखें और फिर उनको मिलने वाली संतुष्टि की अनुभूति स्वयं अपने हृदय में करके देखें। आप चौंक पड़ेंगे कि क्या वास्तव में दूसरों को छोटी-सी खुशी देकर हमें इतनी बड़ी खुशी मिल सकती है! बस, फिर भविष्य में खुशियाँ लूटने के ऐसे अवसरों को आप कभी छोड़ नहीं पायेंगें।

हाँ, ऐसा करते समय यह ध्यान अवश्य रहे कि अहंकार का जनक 'दाता-भाव' लेशमात्र भी मन में न आने पाए, क्योंकि जो दे रहा है, वह हममें उपस्थित ब्रह्म है और जो ले रहा है, वह भी दूसरे में उपस्थित वही ब्रह्म है। अतः उसकी माया से भ्रमित होकर स्वयं को कर्ता समझ कर मिथ्या गर्व कर बैठने के स्थान पर बस कृतज्ञता की अनुभूति करें कि उसने हमें लेने का संकोच सहने के स्थान पर, देने का संतोष प्राप्त करने का सुअवसर उपलब्ध कराया!

6.7. नश्वर शरीर से दूसरों का जीवन सँवारें

इसी प्रकार, जब भी अवसर मिले, अपने शरीर से भी सम्पूर्ण प्राणी-जगत की सेवा के लिए हमेशा तत्पर रहें। विशेष रूप से, रोगियों, घायलों, दिव्यांग व वृद्ध-जनों तथा असहाय जीव-जंतुओं की सहायता के लिए आगे आयें।

इसके अतिरिक्त, जहां अपने जीवन-काल में समय-समय पर यथासंभव रक्त-दान करते रहें, वहीं मृत्यु के पश्चात अपने अंग-दान करने पर भी गंभीरतापूर्वक विचार करें। जरा सोचिये, प्राण निकल जाने के पश्चात, जिस शरीर का कोई उपयोग नहीं रह जाता, उसके विभिन्न अवयव, जैसे आँखें किसी को देखने, फेफड़ें सांस लेने, लीवर भोजन पचाने आदि के योग्य बनाकर, यदि कुछ लोगों को ही सही, एक नया जीवन देने में सफल हो जाएँ, तो उनका इससे अच्छा सदुपयोग भला और क्या हो सकता है!

जहां तक मृत्यु के पश्चात अंग-दान से जीव की सद्गति में बाधा उत्पन्न हो सकने की शंका का प्रश्न है, तो हमारे पूर्वज, पूज्य महर्षि दधीचि जी ने देवताओं द्वारा वज्र का निर्माण करने हेतु, जीते जी अपनी अस्थियाँ दानकर यह प्रमाणित कर दिया है कि जन-कल्याण के लिए सद्भावनापूर्वक दिया गया कोई भी बलिदान, जीव के उत्थान में सहायक होता है, उसके पतन का कारण बनने का तो प्रश्न ही नहीं उठता। अतः बिना अपना कुछ खर्च किये, किसी के जीवन को संवार देने का यह दुर्लभ अवसर कदापि हाथ से ना जाने दें।

7. मन को ईश्वर में ही केन्द्रित रखें

इस प्रकार उक्त बातों का ध्यान रखकर, सात्विक जीवन व्यतीत करते हुए, जब अपने जाने का समय आ जाये, तो यहाँ की अच्छी-बुरी स्मृतियों को यहीं छोड़ दें और अपनी समस्त उत्सुकता (Curosity), ध्यान (Concentration) तथा ऊर्जा (Energy) केवल परब्रह्म परमेश्वर की ओर ही मोड़ दें। ऐसा करने वाले के कल्याण की गारंटी सुनिश्चित करते हुए श्रीमद्भगवद्गीता के अष्टम अध्याय, श्लोक 13 में भगवान श्रीकृष्ण कहते हैं -

ओमित्येकाक्षरं ब्रह्म व्याहरन्मामनुस्मरन्।
यः प्रयाति त्यजन्देहं स याति परमां गतिम्।।

अर्थात जो मनुष्य 'ॐ' इस एक अक्षर रूप ब्रह्म का उच्चारण तथा उसके अर्थस्वरूप मुझ निर्गुण ब्रह्म का चिंतन करता हुआ शरीर को त्यागकर जाता है, वह परम गति को प्राप्त होता है।

वस्तुतः जीवात्मा जिस विषय-वस्तु का ध्यान कर अंतिम सांस लेती है, उसका अगला जन्म उसी के अनुसार निर्धारित होता है। चूँकि सामान्यतः अंत समय में उसी विषय-वस्तु का स्मरण होता है, जिसमें जीव की रूचि व लगाव जीवन-पर्यंत रहा हो, अतः इसमें यह सोचकर बेपरवाह नहीं रह सकते कि अंतिम समय में ईश्वर का ध्यान करके पूरे जीवन ध्यान न करने की कसर एक साथ ही पूरी कर लेगें। बल्कि इसके लिए अभी से अपने मन-मस्तिष्क में परम-पिता परमेश्वर की छवि को सदा के लिए गहरे तक बैठा लें ताकि प्रयाण के समय वह स्वाभाविक रूप से उभर कर सामने आ जाए और उस मुश्किल घड़ी में भटक जाने की कोई संभावना ही बाकी न रह जाए।

इस विषय पर एक प्रसंग आता है कि एक साधू अपने पालतू हिरन से बहुत प्यार करते थे। जब उनका अंत समय आया तो उनका मन उसमें ही रमा रहा, जिसके फलस्वरूप उन्हें हिरन की योनि में जन्म लेना पड़ा। इसी प्रकार एक व्यक्ति की निगाह अंत समय में एक स्वादिष्ट फल पर पड़ी, जिसे खाने की लालसा उसके मन में उत्पन्न हुयी कि तभी उसकी मृत्यु हो गयी। उस घड़ी मन में रह गयी इस अपूर्ण इच्छा के कारण, उसने उसी फल में कीड़े के रूप में जन्म लिया।

ऐसी स्थिति से बचने के लिए हम एक उपाय कर सकते हैं कि जब हमारा मन न चाहते हुए भी किसी सांसारिक वस्तु या व्यक्ति का ध्यान करे, तो उसे बलपूर्वक वहां से हटाने का प्रयास न कर, उस विषय-वस्तु में उपस्थित ब्रह्म-तत्व पर ही अपना ध्यान केन्द्रित कर लें। इससे उस वस्तु अथवा व्यक्ति से जुड़े रहने की मन की इच्छा भी पूरी हो जायेगी और केवल ईश्वर में ही ध्यान लगाये रखने का हमारा उद्देश्य भी प्राप्त हो जाएगा।

10.
मृत्यु के बाद क्या होता है?

जीवन-यात्रा तथा आने वाले पड़ाव हेतु टिप्स पाकर गदगद हुए जिज्ञासु ज्ञानी को संबोधित कर बोले कि जैसा आपने स्वयं कहा कि मृत्यु प्रत्येक प्राणी के जीवन में होने वाली निश्चित घटना होने पर भी लोग इससे भयभीत रहते हैं और इस पर बात करने से बचते हैं। फिर हम कैसे जान सकते हैं कि वास्तव में मृत्यु के पश्चात हमारे साथ होता क्या है? ज्ञानी बोले कि जैसा इस वार्ता के दौरान हम पहले भी कह चुके हैं कि मृत्यु के बाद जीव का क्या होता है, यह ना तो आज तक कोई जान पाया है और न ही आगे इसकी कोई संभावना दिखती है। वस्तुत: इस बारे में सत्य क्या है, वह स्वयं मृतक ही जान पाता है, परन्तु वो अपने अनुभव किसी को बता नहीं सकता। अत: रहस्य के घने आवरण में छिपे होने के कारण, सबके द्वारा अपनी-अपनी धारणा के आधार पर तरह-तरह की विवेचना करते रहने से इसके विषय में अनेक भ्रान्तियां उत्पन्न होती रहती हैं।

1. क्या कहते हैं धर्म और दर्शन

इस सम्बन्ध में विभिन्न धर्मों से सम्बंधित ग्रन्थ एवं दर्शनशास्त्र की शाखाएं अलग-अलग स्थितियों का उल्लेख करते हैं, जिनमें आपस में बहुत भिन्नता है और किसी विचार के पक्ष या विपक्ष में कोई प्रमाण भी प्रस्तुत नहीं किया जा सकता। अत: यहाँ हम दो मुख्य अवधारणाओं पर ही बात करेंगें, जिनमें से एक तो प्राचीन भारतीय दर्शन पर आधारित वह, जो आत्मा के अस्तित्व तथा पुनर्जन्म में विश्वास रखती है और दूसरी आधुनिक विज्ञान आधारित वह, जो मृत्यु के बाद जीव के अस्तित्व को पूर्णरूप से समाप्त मानती है-

1.1 जो लोग आत्मा के अस्तित्व को स्वीकारते हैं, उनमें से अधिकांश के मत में, किसी भी जीव का अस्तित्व उसकी आत्मा (जिसे चेतना या सूक्ष्म शरीर भी कह सकते हैं) से जुड़ा होता है, जबकि भौतिक शरीर आत्मा द्वारा धारण किये गए वस्त्रों की भांति होता है। गीता के द्वितीय अध्याय श्लोक 22 में इसकी व्याख्या करते हुए भगवान श्रीकृष्ण कहते हैं -

वासांसि जीर्णानि यथा विहाय, नवानि गृह्णाति नरोऽपराणि।
तथा शरीराणि विहाय जीर्णा, न्यन्यानि संयाति नवानि देही।।

अर्थात जैसे जगत में मनुष्य पुराने जीर्ण वस्त्रों को त्याग कर दूसरे नये वस्त्रों को धारण करते हैं, वैसे ही देही जीवात्मा पुराने शरीर को छोड़कर दूसरे नए शरीरों को प्राप्त करता है।

इस अवधारणा के अनुसार, एक बार जन्म लेकर जीवात्मा अपने पूर्वजन्म के संस्कारों से निर्मित परिधि में रहकर कर्म करती रहती है। वर्तमान शरीर की आयु पूर्ण हो जाने पर उसे शरीर का त्याग करना होता है, जिसे 'मृत्यु' कहते हैं। मृत्यु के पश्चात नश्वर शरीर किसी योग्य नहीं रह जाता और उसका अंतिम संस्कार उसके वर्तमान कुल के धार्मिक विश्वास के अनुसार कर दिया जाता है। इस प्रक्रिया के पश्चात स्थूल शरीर के वे सभी मूल तत्त्व, जिनसे मिलकर शरीर बनता है, उन्हीं पंच-महाभूतों अर्थात पृथ्वी, जल, वायु, अग्नि व आकाश में पूर्ववत समाहित हो जाते हैं। इसके बाद भौतिक शरीर का अस्तित्व हमेशा के लिए समाप्त हो जाता है।

जहां तक जीवात्मा का प्रश्न है, उसके विषय में मान्यता है कि वह इस दुनिया से दूर परलोक में प्रस्थान कर जाती है, जहां उसे अपने पाप-कर्मों के लिए नरक में रहने का दंड तथा पुण्य-कर्मों के लिए स्वर्ग के सुखों का भोग करने का अवसर दिया जाता है। इस प्रकार उसके अच्छे-बुरे सभी कर्मों का प्रतिकार हो जाने पर उसे फिर से जन्म लेना होता है, जिसे 'पुनर्जन्म' कहते हैं। जन्म किस योनि (जैसे मनुष्य, जीव-जंतु आदि), लिंग (जैसे स्त्री अथवा पुरुष), कुल (जैसे सम्मानित या चरित्रहीन), परिस्थितियों (शारीरिक जैसे स्वस्थ या रोगी, आर्थिक जैसे धनवान या दरिद्र) आदि में होगा, यह उसके साथ जुड़ चुके संस्कारों से निर्धारित होता है।

इस प्रकार जीव के द्वारा इस संसार में जन्म लेकर मृत्यु को प्राप्त होने, फिर जन्म लेने और पुनः मृत्यु को प्राप्त हो जाने का क्रम, जिसे

'आवागमन-चक्र' कहते हैं, अनवरत चलता रहता है, जब तक कि उसे इससे सदा के लिए मुक्ति अर्थात 'मोक्ष' प्राप्त न हो जाए।

1.2. इसके विपरीत, जो लोग ईश्वर तथा आत्मा के अस्तित्व को नकारते हैं, उनकी मान्यता है कि यह सृष्टि स्व-निर्मित है और कार्य-कारण के सिद्धांतों के अनुसार स्वत: चालित होती है। यहाँ किसी जीव का जन्म, विभिन्न गुण-धर्म से युक्त विशिष्ट रसायनों के अनुकूलतम परिस्थितियों के अंतर्गत होने वाले मेल से होता है (जैसे बंद डिब्बे में रखे चावल में कीड़ा उत्पन्न हो जाता है)। तत्पश्चात उस क्रिया की विपरीत क्रिया के द्वारा उन तत्वों का विघटन हो जाने पर, उसका जीवन समाप्त हो जाता है। अत: उनके विचार में किसी भी जीव का वर्तमान जन्म ही उसका प्रथम तथा अंतिम जन्म होता है और मृत्यु के साथ उसका अस्तित्व पूर्णरूप से समाप्त हो जाता है।

2. क्या पुनर्जन्म होता है?

पुनर्जन्म की अवधारणा के पक्ष में ऐसे बहुत से प्रमाण सामने आते रहते हैं, जब किसी बच्चे द्वारा अपने पिछले जन्म के विषय में बताया जाता है और फिर वह उस स्थान पर जाकर (चाहे वह वहां अपने वर्तमान जन्म में कभी गया भी न हो), पूर्वजन्म के सम्बन्धियों को पहचान कर उनके विषय में सटीक जानकारी भी दे देता है। इसके अतिरिक्त, कई बार किसी बच्चे का व्यवहार अपने परिवार के सदस्यों से इतना अलग होता है, या वो अल्पायु में ही किसी विशिष्ट कार्य, जैसे संगीत, भाषा, आध्यात्मिक-ज्ञान आदि में बिना किसी औपचारिक शिक्षा या प्रशिक्षण के इतना निपुण होता है कि लोग कहने के लिए विवश हो जाते हैं, यह तो इसके पूर्व-जन्म के संस्कारों का फल है और उस जन्म में सम्बंधित क्षेत्र में अधूरे रह गए अपने लक्ष्य को प्राप्त करने के लिए ही इसने यह जन्म लिया है।

इसी प्रकार यह भी कहा जाता है कि यदि हम यह मानकर चलते हैं कि ईश्वर का अस्तित्व है, तो पुनर्जन्म की अवधारणा को मान लेने में भी कोई बाधा नहीं है, क्योंकि इस दुनिया में तरह-तरह के जीवों का उत्पन्न होना तथा सभी के जीवन में अलग तरह की परिस्थितियां व दु:ख-सुख होना यह मानने के लिए पर्याप्त है कि इसका तार्किक कारण सम्बंधित जीवों

द्वारा अपने-अपने पूर्व-जन्मों में किये गए कर्म ही हो सकते हैं, अन्यथा ईश्वर जैसी समदर्शी तथा न्यायप्रिय शक्ति, भला क्यों अपने बनाए जीवों में इस प्रकार भेद-भाव करती कि किसी को सब तरह से सुखी एवं समर्थ, जबकि किसी को हर प्रकार से दुखी एवं असहाय बनाकर दुनिया में भेजती?

यद्यपि एक अन्य भारतीय दर्शन के अनुसार आत्मा के अस्तित्व को स्वीकार न किये जाने के कारण पुनर्जन्म के विचार को कुछ अलग संदर्भ में मान्यता दी गयी है। इसके अनुसार, जब किसी फल से बीज की उत्पत्ति होती है, जो बाद में पौधे के रूप में विकसित होकर पुनः उसी प्रकार के फल के उत्पन्न होने का कारण बनता है, तो उसे नए फल के रूप में पुराने फल का पुनर्जन्म कह सकते हैं। यही बात मनुष्य व अन्य प्राणियों पर भी लागू होती है, जब कोई पुत्र अपने पिता के स्वभाव के साथ जन्म लेता है, तो उस सन्दर्भ में उसे पिता का पुत्र के रूप में पुनर्जन्म कहा जा सकता है। परन्तु यह अवधारणा उसी आत्मा के द्वारा मात्र शरीर परिवर्तन कर दोबारा जन्म लेने के विचार से नितांत भिन्न है।

3. मोक्ष के लिए आवश्यक परिस्थितयां

यह सुनकर जिज्ञासु ने पूछा कि आवागमन के चक्र से मुक्ति अर्थात मोक्ष प्राप्त करने के लिए कौन-सी परिस्थितियों का होना आवश्यक है, कृपया बताएं। इस पर ज्ञानी बोले कि यह बड़ा महत्वपूर्ण प्रश्न आपने पूछा है। अतः यदि हम प्रमुख प्राचीन भारतीय ग्रंथों के सार की बात करें, तो मोक्ष प्राप्ति के लिए निम्न परिस्थितियों का होना आवश्यक है-

3.1. जीव मनुष्य योनि में हो

आवागमन से मुक्ति केवल मनुष्य योनि में ही संभव है, इसके अतिरिक्त किसी भी अन्य योनि, यहाँ तक की देव-योनि में भी यह सौभाग्य उपलब्ध नहीं होता। मान्यता है कि कुल चौरासी लाख योनियाँ होती हैं, जिनमें भ्रमण कर चुकने के पश्चात ही जीव को मनुष्य योनि में जन्म लेने का अवसर मिलता है। चूँकि ऐसा अवसर उसे बार-बार नहीं मिलता, अतः मनुष्य का प्रथम कर्तव्य यही बताया गया है कि वह मोक्ष प्राप्ति की ओर शीघ्राति-शीघ्र अग्रसर हो।

3.2. वह मोह का पूर्ण परित्याग कर चुका हो

मुमुक्षु जीव का किसी भी व्यक्ति, वस्तु अथवा उपलब्धि के प्रति मोह समाप्त होकर निर्विकार होना परम आवश्यक है। इसकी विवेचना पुस्तक के एकादश अध्याय में की गयी है।

3.3. वह सम्यक मनःस्थिति प्राप्त कर चुका हो

परस्पर विपरीत परिस्थितियों, जैसे निंदा-स्तुति, जय-पराजय, सुख-दुःख, आदि में अपने हृदय की अवस्था समान बनाए रखने को 'सम्यक मनःस्थिति' कहते हैं। श्रीमद्‌भगवतगीता के अनुसार जब तक जीव स्थितियों से प्रभावित होकर अच्छा होने से प्रसन्न और बुरा होने से दुखी होता रहेगा, वह आध्यात्मिक विकास के उच्चतर सोपान नहीं चढ़ सकता। अतः ईश्वर का सानिध्य प्राप्त करने के लिए व्यक्ति को 'स्थितप्रज्ञ' होने अर्थात हर स्थिति में समभाव बनाए रखने का अभ्यास करना ही होगा।

3.4. वह संस्कारों से पूर्णतः मुक्त हो चुका हो

जीव अपने जीवन-काल में जो भी सोचता है, बोलता है या करता है, वह सब उसके अवचेतन मन में रिकॉर्ड होता रहता है। इनमें से जिन भावों में उसका मन गहरे तक रम चुका होता है, वे संस्कारों के रूप में परिवर्तित होकर उसके सूक्ष्म शरीर से जुड़कर साथ चले जाते हैं। अगला जन्म लेते समय ये फिर से उसके साथ आते हैं, जिनमें वर्तमान जन्म में अर्जित किये नए संस्कार भी जुड़ जाते हैं। हाँ, इन सबमें से जिन संस्कारों से जीव प्रयत्नपूर्वक पीछा छुड़ा लेता है, वे हमेशा के लिए नष्ट हो जाते हैं। इस प्रकार हर जन्म के साथ इनमें परिवर्तन होता रहता है।

जब तक जीव के साथ संस्कार जुड़े रहते हैं, उसे जन्म लेना पड़ता है। जिस प्रकार धागे को सुई में पिरोने से पहले, उसमें लगी गांठों को खोलना होता है, उसी प्रकार आवागमन-चक्र से सदा के लिए मुक्ति पाने के लिए संस्कारों से मुक्त होना परमावश्यक होता है। ये गांठें जितनी ज्यादा व कसी होंगी, उन्हें खोलना उतना ही कठिन होता है, उसी तरह संस्कार जितने अधिक तथा गहरे होंगें, उनसे मुक्ति पाना भी उतना ही कष्टसाध्य होगा।

वस्तुतः संस्कारों से मुक्ति एक अत्यंत जटिल आध्यात्मिक प्रक्रिया है, जिसके लिए गहन शास्त्रीय-ज्ञान, सद्गुरु का मार्गदर्शन, दृढ़ निश्चय तथा कठिन अभ्यास की आवश्यकता होती है।

3.5. उसका एकसूत्री लक्ष्य परमगति को प्राप्त करना ही हो

चूँकि मोक्ष की प्राप्ति जीव के लिए अंतिम, सर्वाधिक महत्वपूर्ण तथा अत्यंत कठिन लक्ष्य है, अतः इसे प्राप्त करने के लिए आवश्यक है कि वह उसके प्रति पूर्णतया समर्पित हो और उसकी समस्त इन्द्रियाँ अपनी पूरी क्षमता के साथ उस ओर ही उन्मुख हों। यद्यपि इसका यह अर्थ कदापि नहीं है कि ऐसा वह अपने सांसारिक कर्तव्यों की पूर्ति करते हुए नहीं कर सकता।

यह सुनकर जिज्ञासु ने पूछा कि यदि कोई व्यक्ति आपके बताये रास्ते पर चल पड़े तो कितने समय में मोक्ष प्राप्त कर सकता है? ज्ञानी बोले, जहाँ तक जीव की मुक्ति में लगने वाले समय का प्रश्न है, इसकी कोई सीमा निर्धारित नहीं की जा सकती। यह मुमुक्षु जीव के मन में पैदा हुई ललक के आवेग पर निर्भर है। यदि जीवात्मा आतुर होकर सच्चे हृदय से ईश्वर की ओर बढ़े, तो एक पल भी इसके लिए पर्याप्त है, जबकि पाखंड, आडम्बर व दंभपूर्ण आचरण को अपना कर वह सैंकड़ो-हजारों जन्मों तक भी इसकी आशा नहीं कर सकती।

इसलिए हमारा हित इसी में है कि एक बार मन ईश्वर की ओर उन्मुख होने लगे तो आगे बढ़ने में तनिक भी देर न करें। ईश्वर की महति अनुकम्पा से ही ऐसा विचार जीवात्मा के मन में उत्पन्न होता है, इसे कदापि व्यर्थ न जाने दें। ध्यान रहे कि इस कार्य के लिए हमें दिया गया समय, मुट्ठी से रेत की भांति पल-पल तेजी से खिसकता जाता है। एक बार मुट्ठी खाली हुई (अंतिम साँस ली) नहीं, फिर चाहे जितनी विनती करें, एक क्षण की भी अतिरिक्त मोहलत नहीं मिलेगी और न ही तब पछताने से कुछ होगा। इसलिए जब तक सांस शेष है, एक-एक पल का सदुपयोग करें।

4. मृत्यु से भयमुक्त होने का उपाय

अंत में विषय का समापन करते हुए ज्ञानी बोले कि मृत्यु के पश्चात होने वाली अवस्था के विषय में भ्रमित होने के स्थान पर, ईश्वर तथा आत्मा

के अस्तित्व पर विश्वास होने की दशा में, हम मान सकते हैं कि हमारा जो कुछ भी होगा वह हमारे कर्मों पर आधारित होगा। अतः मृत्यु से भयभीत होने के स्थान पर हम अपने कर्मों की प्रकृति पर ध्यान केन्द्रित करें।

दूसरी ओर ईश्वर तथा आत्मा, दोनों की ही अनुपस्थिति की संभावना की दशा में सोचें, तो मृत्यु के बाद सम्बंधित जीव के लिए उसके अस्तित्व सहित सब-कुछ समाप्त हो जाएगा। तब चिंता करने की कोई बात ही नहीं रह जाती। फिर भी जहां तक कर्मों का प्रश्न है, आध्यात्म ही नहीं, नैतिकता भी हमें सद्कार्य करने का ही पाठ पढ़ाती है। अतः मृत्यु का कोई भय न होने पर भी, मानव जीवन की सार्थकता हेतु हमें सद्कार्यों में रत रहना ही चाहिए।

11.
मोह का प्रतिकार कैसे हो?

मृत्यु के पश्चात जीव की होने वाली संभावित स्थिति के विषय में ज्ञानी की बात पूरी होने पर जिज्ञासु ने पूछा कि आपने मोक्ष प्राप्ति हेतु मोह का परित्याग आवश्यक बताया है, कृपया इस विषय को विस्तार से समझाने की कृपा करें।

ज्ञानी बोले कि शरीर और सांसारिक संबंधों व पदार्थों को अपना समझने तथा उनमें तीव्र आसक्ति का भाव 'मोह' कहलाता है। मोह के वश हुआ व्यक्ति उसके विषय के प्रति इतना आसक्त हो जाता है कि वह उस पर अपना एकाधिकार समझने लगता है और एक पल के लिए भी उसका वियोग सहन नहीं कर पाता। लक्ष्य प्राप्ति के मार्ग की बहुत बड़ी बाधा होने के कारण जीवन-यात्रा के दौरान तो इससे दूर रहना हमारे हित में है ही, मृत्यु के समय तो विशेष रूप से बचने का अभ्यास करना होगा, अन्यथा न केवल उस समय असहनीय मानसिक संताप से गुजरना पड़ेगा, बल्कि आगे की राह भी कठिन हो जायेगी।

यह सुनकर जिज्ञासु बोले, आपने यह अत्यंत गूढ़ बात हमें बताई, जिसका पालन आत्म-कल्याण हेतु परमावश्यक है। परन्तु इसमें एक शंका उत्पन्न होती है कि यदि हम अपने परिजनों (जैसे माता-पिता, पत्नी, संतान आदि), स्वामित्व की वस्तुओं (जैसे हमारा घर, वाहन आदि) तथा स्थितियों (जैसे हमारी शिक्षा, समाज में हमारी प्रतिष्ठा आदि) से प्यार नहीं करेंगें तो फिर न तो कोई किसी से जुड़ाव महसूस करेगा और न ही आगे बढ़ने के लिए कोई प्रोत्साहन शेष बचेगा। इससे क्या जीवन का ताना-बाना ही अस्त-व्यस्त नहीं हो जाएगा?

ज्ञानी बोले, आप की यह शंका अत्यंत स्वाभाविक है, जिसका सम्पूर्ण समाधान श्रीमद्भगवद्गीता में उपलब्ध है। फिर भी हम यहाँ संक्षेप में उस पर चर्चा कर लेते हैं।

1. मोह का उद्गम

वस्तुतः कोई भी जीव जब इस दुनिया में जन्म लेता है, तो उसे अपने पूर्व-जन्मों की कोई स्मृति शेष नहीं रहती। वो यहाँ स्वयं को उपलब्ध हुए संसाधनों तथा अपने वर्तमान परिजनों को ही सदा से तथा सदा के लिए अपना समझने लगता है। फिर यदि वह अपनी किसी धन-संपत्ति से वंचित हो जाता है, अथवा उसका कोई परिजन उससे बिछड़ जाता है, तो यह उसके लिए असह्य दुःख का कारण बन जाता है।

दूसरी ओर अपनी मृत्यु से पहले प्रत्येक प्राणी को लगता है कि वह अपने वर्तमान परिजनों के बिना कैसे रह पायेगा! परन्तु जैसे ही उसकी मृत्यु हो जाती है, उसे अपने सभी पूर्व जन्मों का स्मरण हो जाता है। तब वह अपने अभी-अभी छोड़ कर आये परिजनों को वैसा ही मानने लगता है, जैसे उसके पिछले अनगिनत जन्मों के परिजन! अतः उनमें उसका मोह नहीं रह जाता। किन्तु, जैसे ही वह कहीं और जन्म लेता है, उसका मोह नए परिजनों के प्रति और उन परिजनों का उसके प्रति फिर से आरम्भ हो जाता है।

इस प्रकार मोह की यह स्थिति जीवित बचे परिजनों के दिल में तभी तक रहती है, जब तक उनका अपना जीवन शेष रहता है और जाने वाले व्यक्ति के मन में भी तब तक ही रहती है, जब तक वह इस दुनिया से चला नहीं जाता। अतः एक दूसरे के प्रति मोह का यह भाव नितांत अस्थायी एवं सामयिक है, जिसका अस्तित्व सम्बंधित जीवों के इस दुनिया में रहने तक ही रहता हैं।

2. मोह का प्रतिकार

अब इस स्थिति में जीव के पास क्या विकल्प हैं, वो कैसे अपने व्यवहार को संतुलित करें? जब पिछले जन्म के विषय में उसे कुछ याद ही नहीं, तो कैसे वहां छोड़कर आये लोगों को अपना माने? और जहाँ अब रह रहा है, वहां से कब उसे स्वयं अगली यात्रा पर निकलना पड़ जाए या कब उसके वर्तमान परिजनों में से कोई उसका साथ छोड़कर नयी यात्रा पर चल दे,

यही नहीं जानता, तो वह करे तो क्या करे? तो इसके लिए कहा गया है कि जीव अपने पूर्वजों को पिंडदान इत्यादि से संतुष्ट करे तथा सभी वर्तमान परिजनों के प्रति अपने हर कर्त्तव्य को हृदय से निबाहे और उनसे स्नेह भी करे, परन्तु न तो उनमें से किसी पर अपना अधिकार समझे और न ही मन में उनके प्रति मोह का भाव रखे।

इसी प्रकार उपभोग हेतु उपलब्ध भौतिक वस्तुयें, जो हमारी इन्द्रियों को सुख प्रदान करती हैं, निरंतर अपना रूप बदलती रहती हैं। उदाहरण के लिए, जो खाने योग्य उत्तम पकवान हैं, यदि उनका कुछ समय तक प्रयोग न किया जाए तो वे खराब होकर अपनी उपयोगिता खो देंगें और यदि प्रयोग कर लिए जायें, तो अपशिष्ट में परिवर्तित हो जायेंगें। अतः इनसे आसक्ति भूलकर भी न पालें।

3. यहाँ कुछ भी स्थायी नहीं है

जिस तरह संसार में परिस्थितियाँ बदलती हैं, उसे लेकर कुछ विद्वानों का मत है कि जीवन जागती आँखों से देखा जाने वाला सपना मात्र है। जिस प्रकार नींद में देखे गए सपने में कभी तो हमें लगता है कि जैसे हम गिरकर चोट खा गए हैं और कभी अपनी लॉटरी लग जाने की सूचना पाकर खुशी से पागल हो जाते हैं। परन्तु जब नींद से जागते हैं, तो पाते हैं कि न तो हमने गिरकर चोट खाई थी और न ही हमारी कोई लॉटरी लगी है, हम तो सपने के प्रभाव से भ्रमित होकर मिथ्या दुःख व सुख का अनुभव कर रहे थे। थोड़ी देर में, जैसे ही सपने का प्रभाव हमारे मन-मस्तिष्क से उतर जाता है, हम उसे भूलकर अपने दैनिक कार्यों में व्यस्त हो जाते हैं।

इसी तरह यदि हम (तथाकथित) वास्तविक जीवन में देखें, तो हमेशा दौड़ में प्रथम आने वाला कोई धावक, अचानक एक दुर्घटना में अपना पैर गँवा बैठता है और दौड़ना तो क्या, ठीक से चलने-फिरने में भी असमर्थ हो जाता है। दूसरी ओर, गली-गली घूमकर सब्जी बेचते हुए अज्ञात जीवन जीने वाला एक साधारण व्यक्ति, अचानक किसी नेता की नजर में आकर न केवल चुनाव का टिकट पा जाता है बल्कि मंत्री बनकर बड़े-बड़े सरकारी अधिकारियों को निर्देश देने की स्थिति में भी आ जाता है। अब पल-पल बदलने वाली इन स्थितियों में से किसे वास्तविक माने और किसे सपना!

इसीलिए विद्वानों का मत है कि इस जीवन में आने वाले सुख और दु:ख दोनों ही सपने की भाँति क्षणिक और भ्रामक होने के कारण, इनसे मोहग्रस्त होकर खुशी मनाने या अवसादग्रस्त होने का कोई औचित्य नहीं है।

4. भौतिक-सम्पदा का कोई स्थायी स्वामी नहीं होता

कोई भी भौतिक-सम्पदा स्थायी रूप से किसी की नहीं होती। कल तक जिसे उसका उपभोग करने का अधिकार व अवसर मिला था, वह उसकी थी, आज वह अधिकार व अवसर जिसके पास है, उसकी है और कल यह दोनों जिसके पास आ जायेंगे, वो उसकी हो जाएगी। वस्तुत: मनुष्य द्वारा अर्जित धन-संपत्ति उसे केवल तब तक के लिए ही उपलब्ध होती है, जब तक उसका प्रवास इस दुनिया में रहता है। यहाँ तक कि उससे पहले भी इसका स्वामित्व हमारे पास से जा सकता है। जैसे हम तिजोरी में रखे धन को अपना समझ कर खुश हो रहे हों, तभी कोई लुटेरा आकर उसे लूट ले जाए, या वह अचानक आग में जलकर नष्ट हो जाए, या बीमारी आदि किसी विपदा में उसे खर्च करना पड़ जाए, तो अगले ही पल हम उसके स्वामित्व से वंचित हो जायेंगें। इसलिए इनके विषय में यही मानकर चलें कि हमें सदा के लिए इनका स्वामित्व नहीं, बल्कि इस घड़ी प्रयोग करने का मात्र अधिकार मिला हुआ है, जो कभी भी वापिस लिया जा सकता है। अत:, इनके प्रति बिना स्वामी-भाव मन में लाये, इन्हें केवल अपना लक्ष्य (मोक्ष) प्राप्त करने हेतु तात्कालिक रूप से उपलब्ध कराये गए आवश्यक संसाधन के रूप में ही देखें।

साथ ही यह आवश्यक नहीं कि जो व्यक्ति उस सम्पदा का तात्कालिक 'स्वामी' हो, वह अपनी इच्छानुसार उसका उपभोग कर पाने में भी सफल होगा! उदाहरणार्थ, यदि किसी व्यक्ति के पास अथाह धन-संपत्ति है, तो कहने को तो वह उसका स्वामी है, परन्तु यदि वह कंजूस प्रवृत्ति का हुआ, तो उसमें से अधिक धन का उपभोग वैसे ही नहीं कर पायेगा। और यदि वृद्धावस्था आने से पहले वह उसका उपभोग कर भी ले, तो जीवन के अंत में क्या स्थिति होगी, तनिक कल्पना करते हैं! अब उसके बैंक खाते में अकूत धनराशि भले ही पड़ी हो, लेकिन वह कांपती उँगलियों से चैक पर हस्ताक्षर न कर पाने के कारण उसे निकाल नहीं पायेगा और यदि अपने

संयुक्त खातेदार के माध्यम से निकाल भी लेगा, तो भी वह उसके किसी काम का नहीं होगा, क्योंकि उस समय न तो उसका शरीर अच्छा भोजन पचा पायेगा, ना उसमें बार-बार उठकर वस्त्र बदलने की क्षमता रह जायेगी और ना ही उसकी इन्द्रियाँ मन बहलाने के साधनों का आनंद लेने योग्य रह जायेंगी। फिर अंत में जैसे ही उसके प्राण-पखेरू उड़ जाएँगे, अपनी सारी संपत्ति यहीं छोड़कर उसे जाना होगा।

अब ज़रा इससे थोड़ा और आगे बढ़कर सोचते हैं। मान लीजिये उक्त व्यक्ति अपने ही पूर्वजन्म के पुत्र के निकट कहीं जन्म ले लेता है और उसे अपना पिछला जन्म याद रहता है तो वह यह देख-देख कर कुढ़ता रहेगा कि उसके पूर्व-जन्म का पुत्र, उसकी मेहनत से अर्जित कर छोड़ी गयी सम्पत्ति का ठीक से प्रबंध नहीं करता और ज़रूरत पड़ने पर उसमें से कुछ धन उसे देने से भी मना कर देता है। उल्टा, उसके द्वारा यह बताये जाने पर कि वह इस सारी संपत्ति का वास्तविक स्वामी उसके पूर्व-जन्म का पिता है, उसे पागल समझ कर मारने को भी दौड़ता है। (संभवतया, इसी कारण विधाता ने सब जीवों को अपने पूर्व-जन्म की स्मृति से वंचित कर दिया है।)

5. अंत में जाते सब खाली हाथ ही हैं

अतः कोई अंतर नहीं पड़ता कि हम जीवन में कितनी सम्पदा के स्वामी रहे, या हमने कैसा जीवन जिया, क्योंकि अंत में सभी को इस जन्म में बनाये अपने सारे रिश्ते-नाते (जैसे माता-पिता, जीवनसाथी, संतान, भाई-बहन, मित्रादि) सदा के लिए तोड़कर तथा यहाँ अर्जित अपनी सारी भौतिक संपत्तियों के स्वामित्व को हमेशा के लिए छोड़कर (वास्तव में 'बेदखल' होकर), यहाँ से एक समान खाली हाथ ही जाना होता है। हाँ, यदि कुछ साथ जाता है, तो वह है सत्कर्मों की पूँजी और दुष्कर्मों का बोझ!

12.
सर्वे भवन्तु सुखिनः

मोह के प्रतिकार के विषय में अपनी बात समाप्त कर ज्ञानी चुप हो गए। परन्तु श्रोता तो मानो आज संयोगवश मिले ज्ञानी के सानिध्य के सुअवसर का लाभ उठाकर, अपनी ज्ञान-पिपासा पूरी तरह शांत कर लेना चाहते थे। अतः अवसर पाकर सबकी ओर से ज्ञानी महोदय को संबोधित कर जिज्ञासु बोले कि आपने इस बातचीत में कई बार आत्म-कल्याण हेतु मनुष्य को सबके सुख की कामना करने का बहुत ही उत्तम सुझाव दिया है, जो संभवतया अधोलिखित श्लोक की भावना पर आधारित है -

"सर्वे भवन्तु सुखिनः, सर्वे सन्तु निरामयाः।
सर्वे भद्राणि पश्यन्तु, मा कश्चित् दुःख भाग्भवेत"।।

अर्थात सब सुखी हों, सब निरोगी हों, सबका कल्याण हो, किसी को कोई दुःख न रहे।

यद्यपि इस श्लोक का अर्थ जानकर ही मन एक अलौकिक आनंद से भर जाता है, परन्तु फिर भी कुछ लोगों का मानना है कि ऐसे सैद्धांतिक विचार सुनने में तो बड़े अच्छे लगते है, किन्तु व्यवहार में इनकी क्या उपयोगिता है? आज की इस भाग-दौड़ भरी जिंदगी में हम अपना व अपने परिवार का ही भला कर लें तो बहुत है, दुनिया का हम क्या भला कर सकते हैं! और यदि कर भी सकते हैं, तो क्यों सोचें या करें?

ज्ञानी बोले, आपने बहुत अच्छा प्रश्न पूछा है! वस्तुतः हमारे मनीषियों ने पुरातन-काल में जो भी व्यवस्थाएं बनाई थी, वे सार्वभौमिक कल्याण की भावना पर ही आधारित थी और उक्त श्लोक से भली-भाँति परिलक्षित होती हैं। तो चलिए, कोशिश करते है यह जानने की, कि इस श्लोक की भावना आज भी कितनी प्रासंगिक है और कैसे-

1. जब सब स्वस्थ, तभी हम निरोग

यदि हमारा कोई पड़ौसी बीमार है तो बीमारी के कीटाणु एक दिन हम तक पहुँच कर हमें भी बीमार कर सकते हैं। पोलियो वैक्सीन के विषय में आपने सुना होगा कि यदि एक भी बच्चा ड्रॉप्स देने से छूट गया तो समझिये सुरक्षा-चक्र टूट गया। ऐसा इसलिए कहते हैं क्योंकि यह ड्रॉप्स पीने के बाद विस्थापित हुए कीटाणु सुरक्षित स्थान ढूंढते हैं और जिस बच्चे ने ड्रॉप्स नहीं पी होगी, उसके शरीर में प्रवेश कर पुनः आक्रमण करने के लिए तैयार हो जाते हैं।

इसी प्रकार स्वाइन-फ्लू, बर्ड-फ्लू या अब कोरोना जैसी घातक महामारियां जब फैलती हैं, तो इनकी रोक-थाम के लिए प्रभावित सभी लोगों का इलाज एक साथ करने की कोशिश की जाती है, अन्यथा एक रोगी के ठीक होने पर वायरस दूसरे पर आक्रमण करता रहेगा और रोग का सिलसिला कभी टूट नहीं पायेगा। इससे स्पष्ट है कि सबके स्वस्थ रहने पर ही हमारी स्वास्थ्य रक्षा संभव है।

2. वातावरण का मनोवैज्ञानिक प्रभाव

यदि हमारे परिचित या मित्र बीमार होंगे तो उन्हें देखने हम अस्पताल जायेंगे, जहां का वातावरण देखकर ही कई लोग सहम जाते हैं। इसी प्रकार जब किसी की मृत्यु होती है, चाहे हम मृतक के परिवार को जानते भी न हों, उसके परिजनों को रोता-बिलखता देख हमारे मन को भी क्लेश पहुँचता है।

इसके विपरीत जब हम किसी उत्सव में जाते हैं तो वहां के उल्लासमय वातावरण से प्रसन्न होकर ही लौटते हैं। आपने अक्सर महसूस किया होगा कि सड़क चलते किसी अनजान बारात में नाचते-गाते लोगों को देखकर हमारे पैर भी अनायास थिरक उठते हैं। क्या इससे नहीं लगता कि दूसरों की खुशी से हमारी खुशी भी जुड़ी होती है?

दूसरे, मनोवैज्ञानिकों का मानना है कि हमारी विचार तरंगें आस-पास के वातावरण को प्रभावित करती हैं। अतः यदि हमारे साथ के लोग बीमार, दुखी व विषादग्रस्त होंगे तो उनके मन-मस्तिष्क से उत्पन्न नकारात्मक तरंगें हमारे मन में अवसाद की भावना ही भरेंगी, जबकि स्वस्थ, सुखी व प्रसन्न लोगों की विचार तरंगें अपनी सकारात्मक प्रकृति से हमारे मन को भी उल्लास से भर देंगीं।

3. सब सुखी, तो अपराधों में कमी

बीमारी, निर्धनता व अवसाद, पीड़ित व्यक्तियों को कुंठित बनाते हैं, जिससे समाज में वैमनस्य उत्पन्न होता है तथा ईर्ष्या-जनित अपराध बढ़ जाते हैं। इसके विपरीत अच्छा स्वास्थ्य, सम्पन्नता व समृद्धि लोगों में उत्साह का संचार करते है, जिससे सभी शांत-चित्त रहकर उपलब्ध सुखों का उपभोग कर पाते हैं।

4. गड्ढा कहीं भी हो, उसमें कोई भी गिर सकता है

गड्ढे को पहचान नहीं होती कि उसमें गिरने वाला व्यक्ति कौन है और वहां से होकर गुजरने वाला कोई भी व्यक्ति उसमें गिर सकता है। इसलिए यदि हमारे पड़ौसी के घर के सामने गड्ढा है तो उसमें हमारे गिरने की संभावना से इनकार नहीं किया जा सकता। अतः अपने साथ, पड़ौसी के घर के सामने के गड्ढे भी भरवाएं। कम से कम उन्हें खोदने की तो सोचें भी नहीं, यह हमारे ही हित में है।

5. सोच का दायरा, हमारे व्यक्तित्व के विकास पर निर्भर

जब हम किसी निचले स्थान पर खड़े होकर अपने आस-पास देखते हैं, तो हमारे दृष्टि-क्षेत्र में आने वाली वस्तुएं सीमित होती हैं। परन्तु जब हम ऊंचाई पर खड़े होकर चारों ओर देखते हैं, तो बहुत कुछ हमारे दृष्टि-पटल में समा जाता है। इसी प्रकार जब हमारी सोच संकीर्ण होती है तो हम केवल अपने विषय में ही सोचते है, परन्तु जैसे-जैसे हम आत्मिक विकास के पथ पर आगे बढ़ते हैं, हमारी सोच का दायरा भी बढ़ता जाता है। हम 'मैं' से आगे निकल कर क्रमशः अपने परिवार, गली-मोहल्ला, नगर, प्रान्त, देश और दुनिया से भी आगे जाकर सम्पूर्ण सृष्टि तक के हित की सोचने लग जाते हैं। उस स्तर पर पहुँच कर हमारी कामना भला 'सर्वे भवन्तु सुखिनः' के अतिरिक्त और क्या हो सकती है!

6. सब जीवों का अस्तित्व एक ही आधार से जुड़ा

हमारे दर्शन-ग्रन्थ कहते हैं कि सब जीवों में एक ही ईश्वर का वास है। तो क्या किसी को नुकसान पहुंचा कर हम अपने ईश्वर को चोट पहुंचाने के पाप का भागी होना चाहेंगे या सबका भला चाहकर उस ईश्वर को प्रसन्न करना चाहेगें?

दूसरे, इस नाते सभी जीवों में एक दूसरे का प्रतिबिम्ब ही प्रमाणित होता है। तो क्या किसी को पराया समझ कर उसका अहित करके, हम परोक्ष रूप से स्वयं अपना ही अहित करें या दूसरों का हित-चिंतन कर उनके माध्यम से अपना हित साधकर भी परमार्थ का लाभ उठा लें!

7. ईश्वर की प्रसन्नता इसी विचार में निहित

कल्पना कीजिये कि हमारे संपर्क में दो लोग आते हैं, एक तो वह जो हमें तो चाहे महत्व न भी दे, परन्तु हमारे बच्चों का हमेशा हित-चिंतन करता है। दूसरा वह, जो हमारी तो हर समय सेवा करने का प्रयास करता है, परन्तु हमारी संतान के विषय में बुरा सोचता है। अब इसमें किसी को संदेह नहीं होगा कि हम पहले व्यक्ति को ही पसंद करेंगें, क्योंकि हम अपने से अधिक अपनी संतान को स्नेह करते हैं।

अब यही बात ईश्वर के विषय में लागू करें, तो स्पष्ट है कि वह उन लोगों से ही प्रसन्न होगा, जो उसकी बनायी सम्पूर्ण सृष्टि का हित चाहेंगें, न कि उनसे जो किन्हीं गिने-चुने लोगों का सुख और बाकियों का अहित सोचेंगें अथवा उनके विषय में कुछ भी सोचने की आवश्यकता ही नहीं समझेंगें!

8. सामूहिक सुख का आनंद

ऐसा नहीं है कि सबके सुख की कामना कर हम अपना सुख भूल रहे हैं। अंततः 'हम' भी तो 'सब' में ही शामिल हैं। अतः जब सबका भला होगा तो हमारा भी होगा ही।

वैसे भी भौतिक सुखों का आनंद कोई व्यक्ति अकेले नहीं उठा सकता। जरा कल्पना कीजिये कि आपको एक बड़े से महल में सभी सुख-सुविधाओं के साथ अच्छे-अच्छे पकवान सामने रखकर अकेले छोड़ दिया जाए, तो क्या आप उन वस्तुओं का आनंद ले पायेंगे? शायद नहीं! इसके विपरीत, समूह के रूप में पिकनिक मना रहे उछलते-कूदते बच्चों के चेहरे पर आयी चमक को ध्यान से देखिये, अकेले और सामूहिक रूप में प्राप्त सुख के अन्तर को आप स्वयं समझ जायेंगें।

9. प्रतिध्वनि की अनुगूंज

कभी पर्वत की चोटी पर खड़े होकर कोई शब्द बोलकर देखिये, कुछ देर बाद उसी शब्द की प्रतिध्वनि सुनाई देगी। इसी प्रकार समुद्र किनारे खड़े होकर हम जो कुछ भी लहरों को अर्पण करेंगे, कुछ समय बाद वही सब दूने वेग से हमारी ओर वापस आ जाएगा। अर्थात हम अपने आचार, विचार और व्यवहार से जो कुछ भी इस दुनिया को देंगें, वही सब किसी न किसी रूप में, आज नहीं तो कल, हमें वापिस मिलेगा। अतः आप एक बार निर्मल हृदय से 'सर्वे भवन्तु सुखिनः' की कामना करके देखिये, आपका जीवन अपने आप खुशियों से भर जाएगा।

और अंत में, जब सभी सबके सुख की कामना करेंगें तो किसी का अनिष्ट कैसे होगा? फिर तो यह विचार स्वयंमेव फलीभूत होने लगेगा!

बताइए, अब आपको क्या लगता है, हमारे पूर्वजों द्वारा उत्प्रेरित 'सर्वे भवन्तु सुखिनः' की कामना कोई अव्यवहारिक विचार है, या फिर इसी में हमारा हित निहित है!

13.
आधुनिक विज्ञान और प्राचीन भारतीय दर्शन

स्टेशन पर हुई इस विस्तृत ज्ञान-चर्चा के पश्चात भी किसी का उत्सुक मन भर ही नहीं रहा था। अतः ज्ञानी को संबोधित कर जिज्ञासु बोले, महोदय आज आपने जो ज्ञानामृत हमें पान कराया है, उसके लिए हम आपके प्रति जितना आभार प्रकट करें, वह कम है। परन्तु चूँकि ऐसे अवसर बार-बार नहीं मिलते, हम शेष बचे समय में कुछ और शंकाओं का समाधान भी करना चाहते हैं, यदि आप आज्ञा दें तो कहूँ। ज्ञानी विनम्रता से बोले, जहां कुशल वक्ता सरलता से नहीं मिलते वहां अच्छे श्रोता तथा वास्तविक जिज्ञासु भी कभी-कभार ही मिलते हैं। अतः आप सबका सानिध्य पाकर मैं भी बहुत आनंदित हूँ। आप और जो कुछ भी पूछना चाहते हैं, निःसंकोच कहें।

ज्ञानी से अनुमति पाकर जिज्ञासु ने कहा कि यों तो कहते हैं कि हमारे प्राचीन भारतीय दर्शन रुपी सागर में आध्यात्मिक ज्ञान के बहुमूल्य रत्न भरे पड़े हैं, परन्तु आज की पीढ़ी के बहुत से लोग इन पर भरोसा नहीं करते और आधुनिक विज्ञान को ही प्रामाणिक मानते हैं। इस विषय पर आप क्या कहना चाहेगें?

ज्ञानी बोले, यह सत्य है कि आज बहुत से लोग हमारे दार्शनिक सिद्धांतों को बिना आत्मसात किये, केवल सतही तौर पर पढ़कर, उन्हें अवैज्ञानिक व अतार्किक घोषित करने का प्रयास करते हैं, जबकि ऐसा नहीं है। तो आइये देखते हैं, प्राचीन भारतीय दर्शन और आधुनिक विज्ञान में परस्पर क्या सम्बन्ध है-

1. विज्ञान तथा दर्शन के मूल तत्व

विज्ञान ज्ञान की वह शाखा है, जो कार्य-कारण के सिद्धांतों के आधार पर तथ्यों की विवेचना कर सत्य की खोज करती है और दर्शन ज्ञान की वह ज्योति है जो कार्य-कारण के भी परे जाकर सार को खोजती है। सतही तौर पर देखें तो ऐसा लगता है कि ये दोनों विपरीत ध्रुवों की भाँति कभी नहीं मिल सकते और इनमें कोई मतैक्य नहीं हो सकता, क्योंकि जहाँ विज्ञान बिना तर्क व प्रयोग आधारित प्रमाण के एक कदम चलने को भी तैयार नहीं होता, वहीं दर्शन में अधिकांश निष्कर्ष अवधारणाओं पर आधारित प्रतीत होते हैं, जिनमें तर्क को संभवतया इतना महत्व नहीं दिया जाता।

परन्तु हमें लगता है कि यदि छिछले को छोड़, थोड़ा गहरे पानी में पैठकर देखें, तो पायेंगें कि ये दोनों एक ही दिशा की ओर इंगित करते हैं। कम से कम प्राचीन भारतीय दर्शन और आधुनिक विज्ञान के विषय में तो निःसंदेह ऐसा कह सकते हैं कि यह दोनों एक दूसरे के पूरक हैं, प्रतिद्वन्दी नहीं!

2. सामान्य प्रथाएं तथा दार्शनिक सिद्धांत

परन्तु यहाँ हमारा उद्देश्य पूर्वाग्रह से ग्रस्त हो, सामान्य प्रथा या परम्पराओं, जो अधिकांशतया स्थानीय वातावरण के अनुसार तात्कालिक परिस्थितियों के परिपेक्ष्य में प्रारंभ होकर पहले रीति-रिवाजों के रूप में स्थापित हो जाती हैं और फिर कालांतर में धार्मिक मान्यताओं का अभिन्न अंग बन जाती हैं, को येन-केन-प्रकारेण विज्ञान की कसौटी पर कसकर दिखाने का प्रयास करना नहीं है। बल्कि, हमारे मनीषियों द्वारा प्राचीन-काल में, जब आधुनिक विज्ञान अपनी शैशवावस्था में भी नहीं पहुँच पाया था, घनघोर वनों में स्थित आश्रमों में रहकर, दीर्घकाल तक सतत चिंतन-मनन कर, प्रतिपादित किये गए ऐसे गूढ़ सिद्धांतों का तुलनात्मक अध्ययन करने का प्रयास करना है, जो विज्ञान द्वारा अपनी तर्क-शक्ति से बहुत बाद में सामने लाये जा सके वह भी आंशिक रूप में!

3. दार्शनिक सिद्धांतों का स्रोत

यों तो हमारे यहाँ दर्शन को मुख्यतः 6 शाखाओं में विभाजित किया गया है (जिस कारण इसे षड-दर्शन भी कहते हैं, यथा सांख्य, वैशेषिक, न्याय, मीमांसा, वैदिक तथा योग), परन्तु यहाँ इनकी अवधारणाओं पर पृथक-पृथक विचार न कर इनमें प्रतिपादित मूल सिद्धांतों, वेदों, उपनिषदों, श्रीमद्भगवद्गीता व हमारे अन्य पुरातन ग्रंथों में समाहित ज्ञान के अमूल्य भण्डार, जो श्रुति-स्मृति (श्रवण कर, स्मरण रखने) के माध्यम से हम तक पहुँच सकें, के आधार पर वैज्ञानिक सिद्धान्तों से तुलना कर सूक्ष्म विवेचन प्रस्तुत करना है। आइये देखें, हम किस निष्कर्ष पर पहुँचते हैं-

4.1. सृष्टि का आरम्भ, विकास व अंत

महाविस्फोट के सिद्धांत (Big Bang Theory) के समर्थक वैज्ञानिक (जिनमें प्रसिद्ध खगोलविद स्टीफन हाकिंग सम्मिलित हैं) कहते हैं कि सृष्टि के प्रारम्भ में शून्य की स्थिति थी, जब एक बिंदु में समाहित अपरिमित ऊर्जा अकस्मात एक महाविस्फोट के माध्यम से प्रस्फुटित होकर चारों ओर फैल गयी। इसके फलस्वरूप यह ब्रह्माण्ड (Universe) अस्तित्व में आया, जिसका निरंतर विस्तार (Expansion) होता गया, जो आज भी जारी है। परन्तु एक निश्चित सीमा पर पहुँच कर, एक दिन यह विस्तार रुक जाएगा और फिर उसी गति से संकुचन (Extraction) की विपरीत प्रक्रिया प्रारंभ हो जायेगी, जो प्रलय अर्थात महाविनाश (Doom) पर जाकर समाप्त होगी।

उस स्थिति में पहुंच कर ब्रह्माण्ड की समस्त ऊर्जा वापस उसी सूक्ष्म बिन्दु में पूर्ववत समाहित हो जायेगी। सृष्टि के उद्भव, विकास व विनाश की यह प्रक्रिया इसी क्रम में सतत रूप से चलती रहती है।

अब देखिये, हजारों वर्ष पूर्व, इस विषय की व्याख्या करते हुए श्रीमदभगवद्गीता के अष्टम अध्याय, श्लोक-18 में भगवान श्रीकृष्ण क्या कहते हैं-

अव्यक्ताद्व्यक्तय: सर्वा: प्रभवन्त्यहरागमे।
रात्र्यागमे प्रलीयन्ते तत्रैवाव्यक्तसंज्ञके।।

अर्थात सम्पूर्ण चराचर भूतगण ब्रह्मा के दिन के प्रवेशकाल में अव्यक्त से अर्थात ब्रह्मा के सूक्ष्म शरीर से उत्पन्न होते हैं और ब्रह्मा की रात्रि के प्रवेशकाल में उस अव्यक्त नामक ब्रह्मा के सूक्ष्म शरीर में ही लीन हो जाते हैं।

अब यदि उक्त दोनों मतों का एक साथ अध्ययन किया जाए तो पायेंगे कि दोनों में आश्चर्यजनक रूप से एकरूपता है। जिसे भगवद्गीता में ब्रह्मा का 'सूक्ष्म शरीर' कहा है, उसे विज्ञान समस्त ऊर्जा का मूल स्रोत एक 'बिंदु' कहता है, इसी प्रकार सृष्टि के प्रारंभ को 'महाविस्फोट' व प्रलय को 'महाविनाश' कहा गया है। अतः इस आधारभूत तथा गंभीर प्रश्न पर आधुनिक विज्ञान व भारतीय दर्शन का एकमत होना आश्चर्यचकित कर देता है।

4.2. भौतिक पदार्थों का मूल स्वरुप

वैज्ञानिक दृष्टि से सभी भौतिक पदार्थों का निर्माण एक ही मूल तत्व से होता है, परन्तु किसी पदार्थ के निर्माण में प्रयुक्त अणुओं (Atoms) की संख्या व उनका संयोजन (Synchronization) जिस प्रकार से होता है, उसी के आधार पर उस पदार्थ का गुण, धर्म व प्रकृति निश्चित हो जाती है। उदाहरण के लिए, लोहे व लकड़ी के मूल तत्त्व में कोई अंतर नहीं होता, केवल इन पदार्थों के निर्माण के समय प्रयुक्त अणुओं की संख्या व उनके संयोजन-क्रम में अंतर के कारण, एक ही पदार्थ भिन्न-भिन्न रूप धारण कर हमें क्रमशः लोहे व लकड़ी के रूप में नजर आता है।

उधर इस विषय पर दर्शन-शास्त्र यही कहते हैं कि संसार में जो कुछ भी है, वह उस एक ईश्वर का ही प्रतिरूप है, परन्तु माया के प्रभाव से उनका अस्तित्व अलग-अलग दृष्टिगोचर होता है।

4.3. ऊर्जा की अनश्वरता

उष्म प्रवैगिकी का प्रथम नियम (First Law of Thermo-dynamix) कहता है कि ऊर्जा का न तो निर्माण किया जा सकता है, न ही उसे नष्ट किया जा सकता है, उसका केवल रूप-परिवर्तन किया जा सकता है। अतः प्रत्येक स्थिति में इस ब्रह्माण्ड की कुल ऊर्जा की मात्रा सदैव एक समान ही रहती है।

दार्शनिक अवधारणा के अनुसार ईश्वर रूपी उस परम तत्त्व का न तो कभी सृजन होता है, न विनाश और न ही वृद्धि, या फिर ह्रास! चूँकि अंततः ईश्वर ही समस्त प्रकार की ऊर्जा का मूल स्रोत है, अतः स्पष्ट है कि इस विषय पर भी विज्ञान व भारतीय दर्शन एकमत हैं।

4.4. कर्म-फल का सिद्धांत

न्यूटन द्वारा प्रतिपादित गति का तीसरा नियम (Newton's Third Law of Motion) कहता है कि प्रत्येक क्रिया की उसी के अनुपात में प्रतिक्रिया होती है। इसका विपरीत निष्कर्ष निकलता है कि प्रत्येक प्रतिक्रिया के पीछे अवश्य कोई क्रिया होती है।

भौतिक-विज्ञान के इसी सिद्धांत को यदि कर्म-फल की दार्शनिक अवधारणा की दृष्टि से परखें तो प्रत्येक कर्म का उसी के अनुपात में फल मिलना निश्चित हुआ और प्रत्येक फल के पीछे हमारा कोई न कोई कर्म ही होता है, जैसाकि हमारे आदि दर्शन-ग्रंथों में विवेचन किया गया है। अतः कर्म-फल का दार्शनिक सिद्धांत भी पूर्णतया विज्ञान-सम्मत प्रमाणित हुआ।

4.5. ब्रह्मांड में सब-कुछ सापेक्ष है

आइन्स्टीन का सापेक्षतावाद का सामान्य सिद्धांत (Einstein's Theory of General Relativity) कहता है कि इस ब्रह्माण्ड में सब-कुछ सापेक्ष है। कोई भी वस्तु या घटना तत्सम्बधित समय व स्थान के सन्दर्भ में ही परिभाषित की जा सकती है, निरपेक्ष रूप से उसे विवेचित नहीं किया जा सकता।

दार्शनिक दृष्टि से देखें तो भी सृष्टि में ईश्वर के अतिरिक्त कुछ भी निरपेक्ष नहीं माना जाता। उदाहरण के लिए, पुनर्जन्म के सिद्धांत के अनुसार सभी जीव मृत्यु के पश्चात जन्म लेते हैं और फिर पुनः मृत्यु को प्राप्त हो जाते हैं। इस क्रम में कोई व्यक्ति जो किसी जन्म में हमारा पिता था, इस जन्म में हमारा ही पुत्र हो सकता है और जो इस जन्म में हमारा शत्रु है, अगले जन्म में परम मित्र हो सकता है। अतः हम दो जीवों के पारस्परिक सम्बन्ध को बिना उनके जन्म का सन्दर्भ लिए स्वतंत्र रूप से वर्णित नहीं कर सकते।

यही बात अन्य स्थितियों में भी लागू होती है। जैसे हम कोई वस्तु बाजार से खरीद कर लाते हैं, फिर कोई पूछे कि यह किसकी है तो हम निश्चित रूप से कहेंगे कि हमारी है। परन्तु यदि यही प्रश्न हमसे बीते कल के परिपेक्ष्य में पूछा जाता, जब यह वस्तु दुकानदार के पास थी, परसों के लिए होता जब यह कारखाने में बन रही थी या आने वाले कल के लिए होता, जब हो सकता है कि हम उसे किसी और को बेच दें, तो क्या यह

उत्तर इन परिस्थितियों में भी सही होता? नहीं, क्योंकि यह वस्तु आज हमारी है, यह तो ठीक है, परन्तु कल दुकानदार की थी, परसों निर्माता के पास थी और आने वाले कल में किसकी होगी, कौन जाने! अतः इसका स्वामित्व समय के साथ सापेक्ष हुआ, जो उससे जोड़े बिना सही रूप में परिभाषित नहीं किया जा सकता।

अतः सापेक्षता के सिद्धांत पर भी विज्ञान व दर्शन एक मत हैं।

5. विज्ञान भी दर्शन का ही अंग

इस प्रकार उक्त दृष्टान्तों से प्रतीत होता है कि विज्ञान भी दर्शन का ही एक अंग है, यद्यपि तर्क की अवधारणा पर आधारित होने के कारण इसकी अपनी सीमायें हैं, जबकि विशुद्ध ज्ञान से उत्पन्न होने के कारण दर्शन दृग्गत (जहाँ तक दृष्टि जा सकती है) के पार जाकर भी अवलोकन की क्षमता रखता है।

इतना कहकर ज्ञानी चुप हो गए। सभी उपस्थित यात्री, जो मंत्रमुग्ध होकर उनकी बात सुन रहे थे, मानो अचानक किसी तन्द्रा से बाहर आ गए और कृतज्ञ भाव से ज्ञानी का धन्यवाद करने लगे।

14.
ज्ञानी के सामने भी अनुत्तरित प्रश्न

इस प्रकार अभी तक सबके मन में उठी शंकाओं का ज्ञानी द्वारा संतोषजनक समाधान पाकर जिज्ञासु ने विनम्रतापूर्वक उनसे कहा कि आज पूरा दिन हमने आपके सामने जो भी शंकाएं प्रकट की, आपने बड़े सुंदर ढंग से उन सबका निवारण किया। परन्तु हम सब यह जानने को उत्सुक हैं कि क्या आपके मन में भी ऐसी कुछ शंकायें हैं, जिनका निवारण अभी तक न हो पाया हो?

ज्ञानी मुस्करा कर बोले कि ईश्वर की बनायी इस सृष्टि में कोई भी व्यक्ति पूर्ण नहीं है। सभी के हृदय में शंकाएं भरी हैं और मस्तिष्क में अनुत्तरित प्रश्नों का अम्बार! बस ये किसी के मामले में कम और किसी के में कुछ अधिक हो सकता है। अतः यहाँ किसी को भी स्वयं को बड़ा ज्ञाता होने का भ्रम नहीं पाल लेना चाहिए, क्योंकि सब अपने-अपने स्तर पर ज्ञान की खोज में ही लगे हैं। परन्तु जिसकी खोज पूर्ण हो जाती है, वह स्वयं ब्रह्म-स्वरुप होकर हमारे प्रयत्क्ष संपर्क से ही दूर हो जाता है।

इसलिए मेरे मन में भी अनेकों शंकाएं है, जिनमें से एक, जो सबसे महत्वपूर्ण है, वो मैं आपसे साझा करना चाहूंगा। जैसाकि पहले भी हमारी बातचीत में आया है कि जीवन से सम्बंधित कुछ मूल अनुत्तरित प्रश्नों में एक है कि दुनिया किसने, कब, कैसे और क्यों बनाई! यद्यपि इस सन्दर्भ में यदि आप सृष्टि का संचालन-चक्र ध्यान से देखें, तो पायेंगें कि इसमें सब-कुछ इतने व्यवस्थित ढंग से आयोजित किया गया है कि जहां कोई भी वस्तु व्यर्थ नहीं जाती (उसका कोई न कोई उपयोग होता ही है), वहीं एक कार्य का अंत, दूसरे को प्रारंभ करता है।

उदाहरण के लिए, वृक्ष से गिरे पत्ते, मिट्टी में मिलकर खाद बन जाते हैं और फिर उसी वृक्ष को पोषण प्रदान करते हैं। फूल अपनी गंध से पक्षियों

को आकर्षित कर जहां उन्हें मधु पीकर अपनी क्षुधा शांत करने का अवसर उपलब्ध कराते हैं, वहीं इस प्रक्रिया में उनके द्वारा अनजाने में होने वाले परागण द्वारा अपनी वंश-वृद्धि भी सुनिश्चित कर लेते हैं। इसी प्रकार एक जीव का अपशिष्ट दूसरे का भोजन बन जाता है और मृत्यु के बाद उसके शरीर के हर अवयव जैसे मांस, खाल, हड्डी, बाल आदि का निस्तारण करने के लिए एक सम्पूर्ण जीव-श्रंखला उपस्थित है।

परन्तु जब टीवी पर वन्य-जीवन से जुड़े किसी कार्यक्रम में देखते हैं कि किस प्रकार एक जीव का जीवन बचाने के लिए दूसरे को अपना जीवन खोना पड़ता है, जो कई बार तो किसी जीव के लिए इतना कष्टकारक होता है कि देखकर मन को बड़ा क्लेश पहुंचता है। उदाहरण के लिए, जब प्यास से त्रस्त कोई निरीह खरगोश, झरने पर पहुंच कर अपना मुहँ पानी में डाल भी नहीं पाता कि एक बाज उसे उठाकर ले जाता है और जीवित ही नोच-नोचकर खाने लगता है, या फिर भूख से तड़प रहे अपने शावक का पेट भरने के लिए कोई शेरनी उसे अकेला छोड़कर गुफा से बाहर निकलती है और कुछ दूरी पर अपनी माँ का दूध पी रहे हिरन के भूखे, रेशम से कोमल, नवजात छौने को एक झपट्टे में मार डालती है और फिर अपने शावक की भूख मिटाने के लिए लेकर जाती है। परन्तु गुफा में पहुँचने पर पाती है कि उसे तो खूंखार शिकारी कुत्तों ने मार डाला है, तो समझ में नहीं आता कि उनमें से किसके साथ सहानुभूति रखें और किसे दोषी ठहराएं!

यह देखकर मन की पीर आँखों से नीर बनकर बहने लगती है और एक प्रश्न पूछती है कि हे संसार के रचयिता! तुझे इतनी क्रूर व्यवस्था बनाने की भी आखिर क्या आवश्यकता आन पड़ी थी? साथ ही, क्या तू हमारी एक विनती स्वीकार नहीं कर सकता कि कम से कम सभी जीवों के शिशुओं में तो कोई ऐसी अरुचिकर गंध डाल दे, जिससे निरुत्साहित होकर कोई भी शक्तिशाली जीव उन्हें मारने में रूचि ही न रखे (यह व्यवस्था मनुष्यों पर तो अवश्य लागू कर दे, ताकि इंसान के रूप में घूम रहे भेड़िये, किसी नवजात बच्ची से दुराचार करने का विचार भी मन में न लायें) और बाद में गंध समाप्त हो जाने पर जिन वयस्क जीवों को (हो सकें तो अपनी आयु पूरी कर चुके वृद्ध जीवों को ही) वे मारना भी चाहें, तो शिकारी कुत्तों की तरह

नोच-नोच कर तड़पायें नहीं बल्कि शेर की तरह सांस की नली काटकर एक बार में ही मार दें!

यद्यपि हमारी बुद्धि में इतनी क्षमता नहीं है कि हम उस निराले रचनाकार द्वारा बनायी गयी किसी व्यवस्था के पीछे छिपे कारण तथा वास्तविक उद्देश्य को समझ सकें, परन्तु जितनी बुद्धि तथा विवेक उसने हमें दिया है, उससे अधिक हम प्रयोग भी तो नहीं कर सकते!

अतः इस प्रकार के जटिल प्रश्नों को, ईश्वर के साथ होने वाले भावी साक्षात्कार के समय पूछने की प्रतीक्षा करने के अतिरिक्त, आखिर हम और कर भी क्या सकते हैं?

15.
वार्ता का समापन

इस प्रकार बातों-बातों में शाम ढल गयी और सोने का समय हो गया। वार्ता समाप्त कर उठने से पहले, सभी उपस्थित लोगों ने ज्ञानी का बारम्बार धन्यवाद एवं आभार प्रकट किया जिन्होंने अपने ज्ञान के आलोक से श्रोताओं को जीवन के प्रति एक नयी दृष्टि प्रदान की थी। साथ ही उन्होंने जिज्ञासु का भी धन्यवाद किया, जिन्होंने अपनी जिज्ञासा एवं प्रश्नों की मथानी से ज्ञान के सागर से बहुमूल्य रत्न निकालने में महति भूमिका निभाई थी। इसके पश्चात सब सोने के लिए ट्रेन में अपनी-अपनी बर्थ पर चले गए।

अगली सुबह उठने पर पता चला कि आगे का रास्ता खुल गया है और ट्रेन को चलने का सिग्नल दे दिया गया है। सब लोग मुसीबत खत्म होने पर चैन की साँस ले रहे थे और साथ ही ईश्वर को धन्यवाद भी दे रहे थे कि उन्होंने कैसा विचित्र संयोग बनाकर हमें इतना ज्ञान पाने का अवसर दिया और हमारे मन में छाये अन्धकार को दूर कर दिया।

इस वृत्तांत से शायद आपको भी कुछ लाभ हो और आपके कुछ प्रश्नों के उत्तर मिल सकें, यही सोचकर वर्णन किया। यदि आपको पसंद आये, तो लेखक का सौभाग्य होगा!

16.

कैसा अजब, ये सफर जिन्दगी का!

इस जीवन-यात्रा में जब भी पुराने यात्रियों के साथ कोई नया मनचाहा साथी जुड़ता है, तो उनके हृदय को मिलने वाला आनन्द अवर्णनीय होता है। धीरे-धीरे उन सभी का मन परस्पर इतना अनुरक्त हो जाता है कि उन्हें उन पलों की याद तक नहीं रहती, जब वे एक-दूसरे के बिना जी रहे थे।

इसी कारण जब किसी की मृत्यु होती है तो उसके परिजन इस प्रकार शोक में डूब जाते हैं, मानो उनके लिए सब-कुछ समाप्त हो गया हो। फिर रोते-रोते जब आँखों का पानी भी सूख जाता है, तो मानव कातर स्वर में ईश्वर से शिकायत करता है कि यदि उसे मारना ही था, तो पैदा क्यों किया था, यदि अलग ही करना था, तो उन्हें मिलाया क्यों था और यदि इस प्रकार रुलाना ही था, तो फिर हंसाया क्यों था? परन्तु जब उसकी करुण पुकार का कोई उत्तर नहीं मिलता, तो वो निराशा के गहरे समन्दर में डूबने-उतराने लगता है।

ऐसे में कोई कितना भी बड़ा ज्ञानी क्यों न हो, उसके लिए इस सत्य को स्वीकार करना उतना ही कठिन होता है, जितना किसी भी सामान्य मनुष्य के लिए! यह एक नितांत स्वाभाविक मानवीय प्रतिक्रिया है। शायद इसी कारण रामायण में भगवान राम द्वारा अपने पिता महाराज दशरथ की मृत्यु का समाचार सुनकर, एक सामान्य मनुष्य की भाँति, दग्ध हृदय से, विलाप करने का प्रसंग आता है।

दूसरी ओर, उस शोक संतप्त व्यक्ति के मित्र, सम्बन्धी व शुभचिंतक, उसे जीवन की नश्वरता के विषय में याद दिलाकर उसके शोक को कुछ हल्का करने का प्रयास करते हैं, यह जानते हुए भी कि यदि यह दुःख उनके ऊपर आया होता तो वे भी इसी प्रकार विलाप कर रहे होते। परन्तु उस समय

ऐसा करना उनका भी स्वाभाविक कर्त्तव्य ही होता है, जैसाकि भगवान राम को दुखी जानकर महामंत्री सुमंत्र तथा गुरु वशिष्ठ ने किया था।

यहाँ यह भूमिका देना इसलिए आवश्यक लगा ताकि पाठकगण मेरी अग्रलिखित काव्य-रचना के सृजन की पृष्ठभूमि से परिचित हो सकें।

हुआ ये कि कुछ समय पूर्व महामारी से ग्रसित होकर मेरे कुछ मित्र व परिचित असमय काल-कवलित हो गए। इसकी सूचना पाकर जब मैंने उनके परिजनों से बात की, तो उनका करूण-क्रंदन मेरे हृदय को चीरता हुआ निकल गया। तब मुझे लगा कि यदि इस प्रकार विलाप करना इस समय उनका स्वाभाविक व्यवहार है, तो मुझे भी उनको दिलासा देने का अपना कर्त्तव्य पूरा करना होगा, जिससे उनके हृदय का विषाद कुछ कम हो सके! तब जो काव्य-रचना मैंने उन्हें लिख भेजी, उसे आपके सम्मुख प्रस्तुत करता हूँ -

एक रोज घूमने,
हम किसी पार्क में पहुंचे।
वहां सबके लिए,
अलग-अलग ट्रैक बने थे,
जिन पर कुछ लोग अकेले,
तो कुछ अपने साथी के साथ,
टहल रहे थे।

हम भी अपने ट्रैक की
परिधि में घूमने लगे,
थक जाते तो सुस्ता लेते,
फिर आगे बढ़ जाते!

चलते-चलते मन में
ख्याल आने शुरू हुए,
ये ट्रैक भी तो
जीवन की तरह ही है,

अंतहीन, अर्थहीन!
क्या कोई बता सकता है कि
ये कहाँ से शुरू हुआ होगा
और कहाँ जाकर खत्म होगा!

जवाब पाने के लिए,
हमने इधर-उधर देखा,
तो एक ज्ञानी दिखाई दिये,
जिन्होंने हमारे दिल की बात
बिना कहे पढ़ ली और बोले,
चूँकि यह ट्रैक गोल है,
इसलिए ना तो
इसका आदि है,
और न ही है अंत!

जब कहीं से भी शुरू होता है
ट्रैक पर हमारा सफर,
तो इसे कहते हैं 'जन्म' लेना
और जब पूरा हो जाता है
एक चक्कर,
तो उसे कहते हैं 'मृत्यु' होना!

हमने कुछ और पूछने के लिए
मुहँ खोला ही था कि
उन्होंने रोक दिया और कहा
इससे आगे मैं भी नहीं जानता।
मैं जान गया तो तुम्हें बताऊंगा,
तुम्हें पता लगे तो मुझे बताना।
अब जाओ, अपने रास्ते,
समय आने पर फिर मिलूंगा!

सफर यूँ ही चल रहा था,
कभी खुशी, कभी गम,
कभी उदासी, कभी उमंग,
कभी हार, कभी जीत के
मिले-जुले भावों के साथ।

तभी हमारे पास से गुजरा
एक अकेला मुसाफिर,
थका-हारा और उदास,
जीवन से बिलकुल निराश,
इस तरह टूटा हुआ,
जैसे कोई दीपक,
बुझता हुआ!

उसे देख हमारा दिल
पिघल गया
और कलेजा
मुहँ को आ गया।

हमने अपनेपन से
उसके कंधे पर हाथ रखा
और कहा भाई इधर आओ,
तुम्हारे साथ क्या हुआ,
जरा हमें भी बताओ!

सांत्वना पाकर
वो बेचारा,
गम का मारा,
रुका और
गहरी सांस लेकर

बोला कि
मेरा प्रिय जीवनसाथी,
जो हमेशा रहता था मेरे साथ,
अचानक एक मोड़ पर
मुझसे बिछड़ गया।

मैंने उसे पुकारा,
तो साथ चल रहे
लोगों ने बताया
कि अब वो मुझे
कभी नहीं मिलेगा।
इसी वजह से मैं हैरान हूँ,
क्या करूँ, बड़ा परेशान हूँ!

हमें समझ नहीं आया
कि उस सहयात्री
के लिए क्या करें,
और कैसे उसका दुःख हरें!

हम सोच ही रहे थे कि
अचानक वही ज्ञानी
वहां आ गए।

हमने प्रणाम किया और
जैसे ही कुछ कहने को हुए,
उन्होंने फिर रोक दिया
और बोले कि
पिछली बार से अब तक
जितना जान पाया हूँ,
वह अवश्य बताऊंगा।

परन्तु उससे आगे मत पूछना,
क्योंकि खुद नहीं जानता,
इसलिए बता नहीं पाऊंगा।

हम चुप हो गए
और उनकी तरफ
देखने लगे।

फिर हमारे सहयात्री को
संबोधित कर बोले कि
हमारी जिन्दगी का ये सफर
इतना अजीब है कि
इसके विषय में
कोई कुछ नहीं जानता।
यहाँ किसका सफर
कब पूरा होगा,
कौन, कब तक,
किसके साथ चलेगा,
कब, कौन, कहाँ,
कोई नया साथी,
हमारे साथ जुड़ेगा
और फिर कब
बिछड़ जाएगा।

इसी क्रम में कब
तुम्हारा बिछड़ा जीवनसाथी,
अपना रूप बदल कर
फिर तुमसे मिल जाए
और मिलकर,

फिर बिछड़ जाए,
कोई नहीं जानता!

जब किसी से मिलकर
हम बहुत खुश हो जाते हैं,
तो उससे बिछुड़ कर
लगता है कि जैसे
सब-कुछ समाप्त हो गया
और शेष जीवन
बस एक सजा की भांति,
पूरा करना ही
बाकी रह गया।

पर चूँकि इसमें
किसी का वश नहीं,
इसलिए न तो मनाओ खुशी
किसी के मिलने पर,
क्योंकि पता नहीं
वो कितनी देर साथ रहेगा
और न ही किसी के
बिछड़ने पर गाओ
गम के तराने,
क्योंकि इस लम्बे
अंतहीन सफर में,
वो दोबारा कब मिल जाए
कौन जाने!

इसमें एक और
बड़ी विचित्रता है,
मेरे और तुम्हारे,

हम सबके बीच
जो ये नाता है,
वह सिर्फ एक
जन्म का होता है,
जिसे हमें उसी रूप में
निभाना होता है।

एक जन्म पूरा हो जाने के बाद,
हर रिश्ता अगले जन्म के लिए
पुनः परिभाषित होता है।
जैसे नाटक में काम करने वाले
दो स्त्री-पुरुष,
एक नाटक में बन जाते हैं
पिता-पुत्री,
फिर थोड़ी ही देर बाद
दूसरे में बन सकते हैं,
माँ-बेटा और
तीसरे में भाई-बहन!

इसी प्रकार,
आज के सफर (जन्म) में,
जो स्त्री तुम्हारी माता है,
कोई नहीं जानता कि कल
वो ही तुम्हारी पुत्री बन जाये
और जो व्यक्ति आज तुम्हारा
प्रिय भ्राता है,
वही तुम्हारा शत्रु बन जाये!

इसलिए किसी को
प्यार करने से पहले सोच लो,

पता नहीं, कल वो तुम्हारा
दुश्मन तो नहीं था,
और जिसे आज तुम
फूटी आँख नहीं देख पाते,
वो कल तुम्हारा
प्रियजन ही तो नहीं था?

वैसे विद्वान तो कहते हैं
कि जब कोई अपना,
बीच राह में यूँ
अचानक छोड़ जाता है,
तो वो इस प्रकार कष्ट देकर,
पिछले जन्म की शत्रुता का
बदला चुका रहा होता है।

सुनकर सहयात्री को
कुछ चैन आया
और बोला कि महाराज!
मैं आपकी बात समझ रहा हूँ,
परन्तु दिल है कि मानता नहीं
आप कृपाकर बस एक बार,
मुझे मेरे बिछड़े साथी से
मिलवा दें।

इससे मेरे दग्ध ह्रदय को
शान्ति मिल जायेगी
और मेरी भी शेष यात्रा
चैन से कट जायेगी!

ज्ञानी बोले,
ये नहीं हो सकता
क्योंकि ये विरुद्ध है,
सफर के नियमों के,
जिन्हें कोई नहीं
तोड़ सकता।

फिर भी तुमने
कातर हृदय से पुकारा है,
तो मैं कुछ उपाय करता हूँ।
तुम चाहो तो मैं
एक बार उससे,
तुम्हारी बात करा सकता हूँ!

सुनकर सहयात्री
खुशी से उछल पड़ा,
और आँखों में आंसू लिए,
हाथ जोड़कर हो गया खड़ा।

बोला कि यदि आप
इतना ही करा दें,
तो मुझे कुछ सकून
अवश्य मिलेगा
और ये सेवक
हमेशा के लिए,
आपका ऋणी रहेगा!

यह सुनकर ज्ञानी ने
ध्यान लगाया,
और उसके

बिछड़े जीवनसाथी का
आवाहन कर उसे बुलाया।

तभी कुछ देर बाद
शून्य से आवाज आयी,
किसने मुझे बुलाया?
आवाज पहचान सहयात्री
खुशी से पागल हो गया
और बोला, मैंने बुलवाया,
तुम्हारे बिछड़े जीवनसाथी ने!

परन्तु यह क्या!
उसका बिछड़ा जीवनसाथी बोला,
तुम अपना पूरा परिचय दो,
मैंने तो अब तक
हजारों-लाखों जन्म लिए हैं,
और हर बार मेरे
जीवनसाथी बदल गए हैं।
अब तुम ही बताओ,
मैं किस-किस को याद रखूं?
वैसे तुम मेरे
किस जन्म के साथी हो?

यह सुनते ही सहयात्री के
ज्ञान-चक्षु खुल गए,
उसने जान लिया कि
ये जीवन,
एक नाटक के सिवा
कुछ भी नहीं।

यहाँ हमारा आना-जाना,
मिलना-बिछड़ना, हँसना-रोना,
सब एक खेल का हिस्सा है,
जो कल तक हकीकत लगता था,
वो आज एक किस्सा है।

उसने कातर होकर,
ज्ञानी के चरण पकड़ लिए।
ज्ञानी बोले,
शुभचिंतक होने के नाते,
एक बात और बतलाता हूँ।
किसी से प्यार,
किसी से नफरत,
एक से दोस्ती,
दूसरे से दुश्मनी,
ये सब भ्रमजाल और
मोह माया है।
इनके जाल में फंसकर,
कब किसी ने कुछ पाया है!

परन्तु फिर भी यदि चाहते हो
अपने प्रियजनों का मंगल
तो छोड़ना होगा सोचना
और करना
किसी का भी अमंगल

क्योंकि दुनिया में
जितने भी जीव हैं,
वे सभी,
रह चुके हैं,

या आगे होंगें
तुम्हारे अपने,
कभी न कभी।

इसलिए जब सभी खुश होंगे
तभी तुम और तुम्हारे प्रियजन,
पूर्व जन्म के, आज के,
और भविष्य के भी,
उसमें शामिल हों सकेंगे!

बात हमारी समझ में भी आ गयी
और "सर्वे भवन्तु सुखिन:" की कामना,
के पीछे छिपी हमारे पूर्वजों की भावना
हमारे कानों में रस बरसा गयी!

यूँ सबको संतुष्ट कर,
ज्ञानी फिर चल दिये।
उन्हीं के पद चिन्हों पर
हमारे सहयात्री भी हो लिए,
उस ज्ञान की तलाश में,
जिसे पाना हमारा लक्ष्य है,
परन्तु फिर भी जिसे
हम भूले रहते हैं।

जब दुखी होते हैं,
तभी याद करते हैं,
और सुख आते ही,
फिर मस्त हो जाते हैं!

परन्तु इसमें नुकसान

हमारा ही है,
क्योंकि मानव जीवन का
ये स्वर्णिम अवसर,
बार-बार नहीं मिलता है।

इसलिए, इससे पहले कि
इस कार्य के लिए
मुश्किल से मिला
ये थोड़ा सा समय
समाप्त हो जाए,
उठो, जागो और जान लो,
हम कौन हैं, कहाँ से आये हैं,
और हमें कहाँ जाना है,
अच्छी तरह पहचान लो!

'शुभम अस्तु'

17.
अंत में दो शब्द लेखक की ओर से

अंत में इस कथा के विभिन्न पात्रों, विशेषकर ज्ञानी, के माध्यम से व्यक्त किये गये विचारों को आत्मसात कर, जीवन के रहस्य के सम्बन्ध में लेखक स्वयं जिस निष्कर्ष पर पहुँचा, उसे उसने अधो-लिखित पंक्तियों में काव्य-रूप में प्रस्तुत करने का प्रयास किया है-

जीवन की यह गूढ़ पहेली, क्या मैं सुलझा पाऊंगा?
या इस भूल-भुलैय्या में ही, खोकर गुम हो जाऊंगा!

कौन हैं हम, क्यों यहाँ हैं आये, पहले कहाँ बसेरा था?
उलझ के इन प्रश्नों में आखिर, क्या हासिल कर पाऊँगा!

जो चले गए, कुछ बता न पाते, बिन गए कोई जाने क्या?
जाऊं कभी और जहां कहीं, पर काम बड़े कर जाऊँगा!

ईश्वर है या नहीं, जगत में, देगा इसका उत्तर कौन?
चलकर राह सत्य की फिर भी, मानव तो कहलाऊंगा!

जीवन अवसर एक सुहाना, इसको व्यर्थ गंवाना क्यों?
मंजिल पर पहुँचु ना पहुंचु, कोशिश तो कर जाऊँगा!

रह जाएगा यहीं पड़ा सब, साथ नहीं कुछ जाएगा।
खुशियाँ जिनको दे पाया, बस उनकी दुआ ले जाऊँगा!

करता हूँ जो रोज खुद ही से, उन कसमें-वादों का क्या,
चेहरा फिर देखू दर्पण में, पहले दाग मिटाऊँगा।

सूरज, चन्दा, तारे, जुगनू, ये सब मेरे साथी हैं,
संग में इनके मिलकर मैं, एक रौशन जहाँ बनाऊँगा।

मुझमें सब हैं, सबमें मैं हूँ, सोच यही बस मेरी है,
सबके सुख की खातिर अब मैं, जीवन शेष बिताऊँगा।

○○○